S. FISCHER

Mark Schieritz

OLAF SCHOLZ

Wer ist unser Kanzler?

S. FISCHER

Aus Verantwortung für die Umwelt hat sich der S. Fischer Verlag zu einer nachhaltigen Buchproduktion verpflichtet. Der bewusste Umgang mit unseren Ressourcen, der Schutz unseres Klimas und der Natur gehören zu unseren obersten Unternehmenszielen. Gemeinsam mit unseren Partnern und Lieferanten setzen wir uns für eine klimaneutrale Buchproduktion ein, die den Erwerb von Klimazertifikaten zur Kompensation des CO_2-Ausstoßes einschließt. Weitere Informationen finden Sie unter: www.klimaneutralerverlag.de

FSC
www.fsc.org
MIX
Papier aus verantwortungsvollen Quellen
FSC® C083411

Erschienen bei S. FISCHER

Gesamtherstellung: CPI books GmbH, Leck
Printed in Germany
ISBN 978-3-10-397158-3

Inhalt

1
Er

Das ist seine Chance. An einem Mittwoch im November 2018 betritt Olaf Scholz den Senatssaal der Humboldt-Universität in Berlin. Er hat gewissermaßen ein *date* mit der Geschichte. Seit fast zwanzig Jahren lädt die Universität Persönlichkeiten des öffentlichen Lebens ein. Sie sollen sich Gedanken über die Zukunft Europas zu machen. Der frühere Bundesaußenminister Joschka Fischer forderte an dieser Stelle eine europäische Verfassung, der ehemalige Bundespräsident Richard von Weizsäcker sprach sich für eine gemeinsame europäische Identität, auch in Abgrenzung zu den Amerikanern. Die Humboldt-Rede ist für Politiker die Gelegenheit, etwas Grundsätzliches zu sagen. Anders formuliert: Der Ball liegt auf dem Elfmeterpunkt: Scholz muss ihn nur noch reinmachen. Der aber stellt sich ans Rednerpult und spricht über eine »gemeinsame Bemessungsgrundlage bei der Körperschaftssteuer«, über die »Arbeitsbedingungen im Transportgewerbe«, einen »gemeinsamen Mechanismus zur Abwicklung von Banken«, der eine »Letztabsicherung« bekommen soll. Am Ende seiner Rede hat man als Zuhörer den Eindruck, dass Europa genau so ist, wie man sich das immer vorgestellt hat: irgendwie wichtig, aber vor allem schrecklich kompliziert und auch ein bisschen langweilig. »Scholz, der Zauderer« schreibt das *Handelsblatt,* »Wenig gewagt« der *Tagesspiegel.*

Der Ball ist ganz offensichtlich nicht im Tor. Er ist daran vorbeigerollt. Wie so häufig, wenn Scholz in den vergangenen Jahrzehnten eine Rede gehalten hat. Dann war eigentlich immer alles schrecklich kompliziert und ein bisschen langweilig. Deshalb hat man irgendwann nicht mehr richtig hingehört. Und Scholz galt als ein Mann von gestern, über den man eigentlich nichts wissen wollte. Weil man das Gefühl hatte, dass es da nichts zu wissen gibt.

Nun ist dieser Mann Bundeskanzler. Was die Frage aufwirft, ob es vielleicht doch etwas zu wissen gab. Und man einfach nicht genau genug hingeschaut hat. Vielleicht schon damals im November nicht. Denn während Scholz über das Transportgewerbe und die Körperschaftssteuer spricht, werden in seinem Ministerium längst die Weichen für eine Neuausrichtung der deutschen Europapolitik gestellt. Als die Coronakrise den Kontinent zwei Jahre später in die schwerste Wirtschaftskrise der Nachkriegszeit stürzt, arbeitet er gemeinsam mit seinem französischen Amtskollegen Bruno Le Maire ein Konzept für den wirtschaftlichen Wiederaufbau Europas aus. Scholz nimmt sogar auf Alexander Hamilton Bezug, den ersten Finanzminister der Vereinigten Staaten von Amerika. Der hatte einst die finanziellen Voraussetzungen für die Zentralisierung des damals noch losen Gebildes unterschiedlicher Bundesstaaten geschaffen. Und auf einmal ist in der öffentlichen Debatte von Olaf Scholz als Wegbereiter der Vereinigten Staaten von Europa die Rede.

Es ist nicht die einzige überraschende Wendung in der Karriere des Olaf Scholz. Noch wenige Wochen vor der Bundestagswahl am 26. September galt es als ausgeschlossen, dass er das Rennen machen würde. So schwach war seine Partei in den Meinungsumfragen, so stark schienen seine Gegner zu sein. Es ist doch anders gekommen, erstmals seit 16 Jahren wird das Land von einem Sozialdemokraten regiert, in einer Dreierkoalition mit den Freien Demokraten und den Grünen. Auch das hat es in der Geschichte der Republik noch nicht gegeben. Ein Bündnis der Erneuerung und des Fortschritts soll die Ampel werden, so steht es im Koalitionsvertrag der neuen Regierung. Scholz selbst hat keinen Zweifel daran gelassen, dass er einiges vor hat in seiner Kanzlerschaft. Er wolle »die Welt ein Stück besser machen«, sagt er wenige Tage nach der Wahl. Und wenn es nach ihm geht, dann wird er dafür nicht nur vier, sondern acht oder mehr Jahre zur Verfügung haben.

Der Wahlsieg von Olaf Scholz markiert aber nicht nur parteipolitisch eine Zäsur. Scholz übernimmt ein Land, das von tiefgreifenden Veränderungsprozessen erfasst worden ist. Der Umbau der Wirtschaft hin zu einer klimaschonenden Produktionsweise hat begonnen, mit erheblichen Folgen für alle Lebensbereiche. Der demographische Wandel schreitet voran und wird die Republik vor neue Herausforderungen stellen. Niemand kann heute sagen, woher morgen die Rente kommen soll. Die Digitalisierung revolutioniert die Arbeitswelt. Der Klimawandel ist kein Schauermärchen mehr, sondern Realität, wie zuletzt die Unwetterkatastrophe in Nordrhein-Westfalen gezeigt hat. Die Coronapandemie erschüttert alte Gewissheiten und rückt das Thema Gesundheit in den Mittelpunkt des öffentlichen Interessens. Und in der Welt lösen sich währenddessen alte Allianzen auf. Deutschland hat wie kaum ein anderes europäisches Land von der Liberalisierung des Welthandels und der Einbindung in das westliche Sicherheitsbündnisse profitiert. Der ökonomische Aufstieg Chinas und die politischen Auflösungserscheinungen der Vereinigten Staaten bedrohen aber die Stabilität der Nachkriegsordnung.

Angesichts der Dimension der Probleme wachsen weltweit die Zweifel an den althergebrachten Politikansätzen. Der Staat als Ordnungsmacht wird immer weniger als Bedrohung der Freiheit empfunden und immer mehr als notwendiges Korrektiv zu den Kräften eines globalen Marktes. Nach Jahrzehnten der Deregulierung hat eine Phase der Reregulierung begonnen. Schutz, Sicherheit, Ausgleich – das sind die Schlagwörter dieser neuen Zeit. Es ist kein Zufall, dass Olaf Scholz die Forderung nach einer Erhöhung des Mindestlohns und den Begriff »Respekt« ins Zentrum seines Wahlkampfs gerückt hat. So gehen in diesen Monaten nicht nur 16 Jahre Angela Merkel zu Ende, sondern auch vier Jahrzehnte Neoliberalismus. Und mit dem Amtsantritt von Olaf Scholz beginnt möglicherweise nicht nur eine neue Legislaturperiode, sondern eine neue Ära. Er fällt jedenfalls in eine Zeit, in der die Sozialdemokratie in den Ländern des Westens nach Jahren der konservativen Hegemonie international im Aufwind ist.

Dieses Buch ist der Versuch, sich der Kanzlerschaft von Olaf Scholz vor dem Hintergrund des sich vollziehenden ökonomischen, sozialen und ökologischen Paradigmenwechsels zu nähern. Wird es Scholz gelingen, das Land auf die Herausforderungen des 21. Jahrhunderts vorzubereiten? Ist er der Richtige, um die nötigen Reformen anzustoßen, ohne den gesellschaftlichen Zusammenhalt zu gefährden? Steckt vielleicht mehr in ihm, als es auf den ersten Blick den Anschein hat? Was wäre das? Und ist die Welt vielleicht nun einmal schrecklich kompliziert und ein bisschen langweilig?

2
Agenda

Am 14. März 2003 – einem Freitag – gegen neun Uhr morgens nimmt Olaf Scholz im Bundestag Platz. Gerhard Schröder will eine Rede halten. Schröder ist Bundeskanzler und Parteichef der SPD, Scholz sein Generalsekretär. Die Lage ist ernst. Mehr als vier Millionen Bundesbürger sind ohne Arbeit, die Wirtschaftsleistung schrumpft, die staatliche Schuldenquote steigt. Die britische Wirtschaftszeitung »The Economist« bezeichnet Deutschland als den »kranken Mann Europas«. »Herr Präsident! Meine sehr verehrten Damen und Herren!«, beginnt Schröder seine Rede. »Wir müssen den Mut aufbringen, in unserem Land jetzt die Veränderungen vorzunehmen, die notwendig sind, um wieder an die Spitze der wirtschaftlichen und der sozialen Entwicklung in Europa zu kommen. Wir müssen die Rahmenbedingungen für mehr Wachstum und für mehr Beschäftigung verbessern. Wir werden Leistungen des Staates kürzen, Eigenverantwortung fördern und mehr Eigenleistung von jedem Einzelnen abfordern müssen.«

Fast 90 Minuten spricht Schröder zu den Abgeordneten. Seine Regierungserklärung ist das Startsignal für ein umfangreiches Paket von Sozialreformen, die als Agenda 2010 in die Geschichte eingegangen sind: Der Kündigungsschutz wird gelockert, die Leistungen der gesetzlichen Krankenkassen gekürzt, die Bezugsdauer des Arbeitslosengelds gesenkt. Vor allem aber wird die bisherige Arbeitslosenhilfe abgeschafft und mit der Sozialhilfe zu einer neuen Hilfsleistung fusioniert: Hartz IV. Wie kaum eine andere Politikmaßnahme steht die Einführung von Hartz IV für den Rückzug des Staats aus seiner sozialen Verantwortung. Denn von nun an gilt: Wer länger ohne Arbeit ist, hat nur noch Anspruch auf eine staatlich festgelegte Mindestsicherung. Dadurch hat sich vor allem die finanzielle Situation von Langzeitarbeitslosen erheblich verschlechtert. Auch die Abstiegsängste in der Mittelschicht nehmen zu. Denn die Neuregelung sieht vor, dass das eigene Vermögen für den Lebenserhalt herangezogen werden muss, bevor der Staat einspringt. Was die Eigenverantwortung stärken soll, bedeutet für viele Menschen: Im Zweifel ist nicht nur die Arbeit weg, sondern auch das Ersparte.

Die Agendareformen werden in der Wirtschaft bejubelt, in der Bevölkerung kommen sie nicht gut an. In vielen deutschen Städten gingen die Menschen massenweise auf die Straße, um gegen eine als Sozialabbau wahrgenommene Politik zu demonstrieren. Das stürzt die SPD in eine schwere Krise, die auch das deutsche Parteiensystem verändert. Am 22. Januar 2005 wird in Göttingen von enttäuschten Sozialdemokraten eine neue Partei gegründet. Ihr Name: Arbeit & soziale Gerechtigkeit – Die Wahlalternative. Sie fusioniert mit der PDS, die aus der Staatspartei der DDR hervorgegangen ist. Die neue Partei nennt sich Die Linke. Die Führung übernimmt Oskar Lafontaine, der unter Schröder zunächst Finanzminister war und dann aus Protest gegen die Regierung sein Amt hinwarf. Als Schröder nach dem Verlust einer Landtagswahl in Nordrhein-Westfalen die Vertrauensfrage stellt und der damalige Bundespräsident Horst Köhler den Bundestag auflöst, holt die Linkspartei 8,7 Prozent der Wählerstimmen und zieht mit 54 Abgeordneten in den

Bundestag ein. Die SPD hingegen verliert 4,3 Prozentpunkte. Die Sozialdemokraten verlieren das Kanzleramt und werden Juniorpartner in einer großen Koalition mit der Union. Die Agendajahre sind für das Verständnis des politischen Denkens von Olaf Scholz zentral. Denn was damals in Deutschland passierte, war kein nationaler Alleingang, sondern Teil einer weltweiten Neujustierung der Grenzen zwischen Markt und Staat.

Die ersten Nachkriegsjahre zeichnen sich in fast allen westlichen Gesellschaften durch ein hohes Maß an staatlicher Kontrolle der Wirtschaft aus. In den Vereinigten Staaten werden Topverdiener deutlich stärker als heute zur Kasse gebeten. Der Spitzensteuersatz liegt bis in die sechziger Jahre hinein bei über 90 Prozent – in der obersten Einkommensklasse müssen also von jedem zusätzlich verdienten Dollar mehr als 90 Cent an den Fiskus abgetreten werden. Ganz ähnlich ist die Lage in Großbritannien. Dort betrug der Spitzensteuersatz nach dem Krieg 75 Prozent, für Gewinne aus Kapitalanlagen galten sogar noch höhere Raten. In Deutschland werden Spitzenverdiener zunächst mit 80 Prozent besteuert. Die Daseinsvorsorge ist weitgehend in öffentlicher Hand: Bei der Post und der Bahn arbeiteten Staatsbeamte, es gibt genau eine Telefongesellschaft, und die Lufthansa ist ein Staatsunternehmen. Der Einfluss des Staates zeigt sich auch in der Finanzwirtschaft. Die internationalen Kapitalmärkte sind streng reguliert, die Banken ebenfalls, die Währungen der großen Volkswirtschaft schwanken nicht frei, sondern sind in festen Austauschverhältnissen aneinandergekoppelt.

Die wirtschaftspolitische Philosophie jener Jahre ist untrennbar mit dem Namen John Maynard Keynes verbunden. Der 1883 in Cambridge geborene Wirtschaftswissenschaftler war einer der einflussreichsten Ökonomen des 20. Jahrhunderts. Er beriet die britische Regierung und nahm an den Friedensverhandlungen nach dem Ersten Weltkrieg teil. Nebenbei war er ein erfolgreicher Börsenspekulant und interessierte sich für Kunst und Literatur. Keynes argumentierte, dass Volkswirtschaften zur Instabilität neigen, wenn man sie sich selbst überlässt. In einem wirtschaftlichen Abschwung halten die Haushalte aus Angst vor dem Jobverlust ihr Erspartes zusammen, und die Unternehmen investieren nicht mehr. Dadurch verstärkt sich der Rückgang der Wirtschaftsleistung. Es wird schließlich noch weniger Geld ausgegeben und weniger produziert. Denn wozu eine Maschine anwerfen, wenn die fertige Ware doch nur im Lager landet? Am Ende werden noch mehr Arbeitsplätze gestrichen, denn wenn die Maschine ohnehin nicht läuft, muss sie auch niemand bedienen. In einem Aufschwung ist es umgekehrt: Die Leute kaufen mehr ein, die Unternehmen werfen ihre Maschinen an und schreiben neue Stellen aus. Irgendwann laufen alle Maschinen auf Hochtouren, und alle, die arbeiten wollen, haben Arbeit. Um ihre Arbeitskräfte zu halten, müssen die Unternehmen ihnen höhere Löhne bieten. Damit sie trotz der steigenden Lohnkosten keine Verluste machen, erhöhen sie die Preise. Die Inflationsrate steigt. Keynes sah sich durch die Weltwirtschaftskrise der dreißiger Jahre in seinen Annahmen bestätigt. Damals war ein Viertel der Amerikaner ohne Job, und in Europa machte sich der Faschismus breit.

Nach Ansicht von John Maynard Keynes muss deshalb der Staat die Schwankungen der Konjunktur ausgleichen. Im einfachsten Fall: im Abschwung mehr Geld ausgeben, um die Wirtschaft zu stützen. Und im Aufschwung weniger, um sie abzubremsen. Das Symbol dieses Politikverständnisses ist das am 8. Juni 1967 in Kraft getretene »Gesetz zur Förderung der

Stabilität und des Wachstums der Wirtschaft«. Dieses Gesetz legt vier Ziele für die Politik fest, an denen sich die Wirtschaftspolitik ausrichten soll: Stabilität des Preisniveaus, hoher Beschäftigungsgrad, außenwirtschaftliches Gleichgewicht und ein stetiges und angemessenes Wirtschaftswachstum. Genauso hatte sich das Keynes vorgestellt. Das Gesetz wird von der ersten großen Koalition der Nachkriegsgeschichte auf den Weg gebracht, die nach dem Rücktritt von Ludwig Erhard als Bundeskanzler am 30. November 1966 die Arbeit aufgenommen hat. Es ist eine Zeit, in der das Bruttoinlandsprodukt erstmals seit den Boomjahren des Wirtschaftswunders stagniert und die Zahl der Arbeitslosen steigt. Und das will die Regierung nicht hinnehmen.

In der Regierung ist Karl Schiller für das Projekt zuständig. Schiller wächst in Kiel auf, nach dem Krieg wird er Professor für Volkswirtschaft an der Universität Hamburg. Mit dem Eintritt in die SPD im Jahr 1946 begann seine politische Karriere. Er wird 1948 Wirtschaftssenator, zunächst in Hamburg und später in Berlin. In der Koalitionsregierung übernimmt er das Amt des Wirtschaftsministers. Es gibt ein Foto aus dem Jahr 1971, das ihn auf der Frankfurter Frühjahrsmesse zeigt, wie er einen alten Maschinentelegraphen bedient. Das ist ein Hebelapparat, mit dem früher zum Beispiel von der Schiffsbrücke Kommandos an die Maschinisten übermittelt wurden. Das gewünschte Tempo wurde mit einem Hebel eingestellt, daraufhin ertönte im Maschinenraum das entsprechende Klingelsignal. So wie ein Schiff von der Brücke gesteuert werden kann, so soll nach den Vorstellungen Karl Schillers der Staat die Wirtschaft steuern. Die deutsche Konjunktur nimmt im Jahr 1967 tatsächlich wieder Fahrt auf. Und auch wenn das nicht nur an den staatlichen Maßnahmen liegt, tragen diese dazu bei, dass sich die

Lage bessert. So wird das jedenfalls in weiten Teilen der Öffentlichkeit gesehen. Und die SPD ist auf einmal die Partei des Aufschwungs und der Wirtschaftskompetenz. Oder wie es der Hamburger Wirtschaftswissenschaftler Arne Heise formuliert: »Eine breite und durchweg positive mediale Berichterstattung über wirtschaftliche und wirtschaftspolitische Entwicklungen verfestigte diesen Eindruck und verknüpfte ökonomische Kompetenz und Vertrauen untrennbar mit Wirtschaftsminister Karl Schiller und seiner Sozialdemokratie, die zunehmend für modernes Regieren der Zukunft stand.«

Die Verbindung sollte allerdings bald auf die Probe gestellt werden. Am 10. Oktober 1973 treffen sich in Kuwait die Energieminister der elf in der Organisation erdölproduzierender Länder (OPEC) zusammengeschlossenen Staaten: Venezuela, Irak, Saudi-Arabien, Iran, Kuwait, Libyen, Indonesien, Katar, Algerien, Nigeria, die Vereinigten Arabischen Emirate. Wenige Tage zuvor – am höchsten jüdischen Feiertag Jom Kippur – haben Ägypten und Syrien völlig überraschend mit Panzern und Flugzeugen Stellungen der israelischen Armee auf den Golanhöhen und der Halbinsel Sinai angegriffen. Mit den Kriegshandlungen wollen die Angreifer die von den Israelis wenige Jahre zuvor besetzten Gebiete zurückerobern. Nachdem die israelische Armee unter Druck gerät, unterstützen die USA und andere westliche Nationen das Land mit Kriegsmaterial. Die arabischen Staaten werten dies als einseitige Parteinahme und setzen eine neuartige Waffe ein: Öl. Die OPEC beschließt, die Produktion monatlich um fünf Prozent zu drosseln. Die Kürzungen sollen aufrechterhalten werden, bis Israel die besetzen Gebiete wieder räumt. Die Folgen der Strafaktion sind dramatisch: Am Erdölmarkt bricht Panik aus, die Preise schießen in die Höhe. In der Folge verteuern sich auch Heizöl, Benzin,

Kunststoffe und andere Produkte auf Ölbasis. Die Bundesregierung – inzwischen ist der Sozialdemokrat Willy Brandt Kanzler – beschließt das sogenannte Energiesicherungsgesetz. Es legt fest, dass zum Zweck der Energieeinsparung die Benutzung von Autos eingeschränkt werden kann. So wird den Deutschen am 25. November 1973 erstmals der Autoverkehr untersagt, Ausnahmen gibt es nur für Polizisten, Ärzte, Diplomaten und andere wichtige Personengruppen. In den Städten sind Pferdekutschen und Rikschas unterwegs, auf den Autobahnen gehen Menschen spazieren. Die Sonntagsfahrverbote werden von der Regierung schon im Dezember wieder aufgehoben, und die Autobahnen füllen sich daraufhin schnell wieder, aber ökonomisch markiert die Ölkrise einen tiefen Einschnitt. Denn weil die Verbraucher nun mehr Geld für Energie ausgeben müssen, bleibt weniger für den Kauf anderer Güter übrig. Damit können die Unternehmen weniger Waren absetzen und müssen Stellen abbauen. Im Jahr 1975 bricht die Wirtschaftsleistung in Westdeutschland erstmals seit Gründung der Bundesrepublik dramatisch ein. Gleichzeitig steigt die Zahl der Arbeitslosen deutlich an.

Die Ölkrise ist kein rein deutsches Problem, in fast allen westlichen Industrienationen bremst der Anstieg der Energiepreise die Konjunktur. Nach der Lehre von John Maynard Keynes müssten die Regierungen darauf mit einem staatlichen Ausgabenprogramm reagieren, doch in der Ölkrise stößt die sozialdemokratische Globalsteuerung an ihre Grenzen. Das hat mit einem Phänomen zu tun, das als Stagflation in die Wirtschaftsgeschichte eingegangen ist. Die keynesianische Wirtschaftspolitik der damaligen Zeit macht sich nämlich einen ökonomischen Zusammenhang zwischen Inflationsrate und Arbeitslosenquote zunutze: In einer Wirtschaftsflaute mit steigender Arbeitslosigkeit akzeptieren die Beschäftigten geringere

Lohnsteigerungen oder sogar eine Kürzung ihres Verdienstes. Sie müssen schließlich damit rechnen, dass sie sonst ihren Job verlieren. Dadurch müssen die Unternehmen weniger Geld für Lohnzahlungen ausgeben und können ihre Waren günstiger anbieten. So wie ein Obstbauer weniger für einen Apfel verlangen wird, wenn er seinen Erntehelfern weniger Lohn bezahlen muss. Die Folge: Die Inflation geht zurück. Deshalb kann der Staat gefahrlos zusätzliches Geld in die Wirtschaft pumpen. Als Helmut Schmidt nach dem Rücktritt Willy Brandts im Jahr 1974 Bundeskanzler wird, steigen allerdings sowohl die Inflationsrate als auch die Arbeitslosenquote. Schmidt steht vor einem Dilemma: Die hohe Arbeitslosenquote spricht für staatliche Konjunkturprogramme, um die Beschäftigung zu stützen. Das würde aber die ohnehin hohe Inflationsrate noch deutlicher ansteigen lassen. Schmidt gibt trotzdem mehr Geld aus. Doch anders als unter Karl Schiller in den sechziger Jahren gelingt es diesmal nicht, die Konjunktur wieder in Schwung zu bringen, dafür steigt die Staatsverschuldung. Und auf einmal ist die SPD in der Bevölkerung nicht die Partei des Aufschwungs, sondern die Partei der finanzpolitischen Zügellosigkeit. Mit dieser Erzählung haben seither fast alle sozialdemokratischen Spitzenpolitiker zu kämpfen. Auch Olaf Scholz wird einen Teil seines politischen Kapitals darauf verwenden, mit dem Vorurteil aufzuräumen, die Sozis könnten nicht mit Geld umgehen.

Dabei war das damals schon nicht ganz korrekt. Denn ein wichtiger Grund für die Stagflation ist nicht die Finanzpolitik der Regierung, sondern die Lohnpolitik der Gewerkschaften. Sie sind nicht bereit, den durch steigende Preise für Benzin und Heizöl verursachten Kaufkraftverlust hinzunehmen, und fordern als Ausgleich höhere Löhne. Es kommt zu Arbeitskämpfen und Streiks. Eine Schlüsselfigur ist Heinz Kluncker,

Vorsitzender der Gewerkschaft Öffentliche Dienste, Transport und Verkehr (ÖTV). Die ÖTV will angesichts der gestiegenen Energiepreise einen deutlichen Anstieg der Löhne und Gehälter durchsetzen und fordert ein Tarifplus von 15 Prozent. Als die Arbeitgeber darauf nicht eingehen, beginnt der Ausstand: Busse und Bahnen fahren nicht, Ämter bleiben geschlossen, und der Müll wird nicht abgeholt. Nach drei Streiktagen einigt man sich auf eine Lohnerhöhung in Höhe von elf Prozent. Auch in anderen Branchen steigen die Entgelte. Die Unternehmen müssen nun aber wegen der höheren Lohnkosten ihre Preise anheben, worauf die Gewerkschaften wiederum mit neuen Lohnforderungen reagieren: Der Versuch, die Preissteigerungen durch eine aggressive Lohnpolitik auszugleichen, führt somit im Ergebnis dazu, dass sich Löhne und Preise gegenseitig hochschaukeln. Das war in den keynesianischen Wirtschaftsmodellen jener Zeit nicht vorgesehen. Um die Inflation zu bekämpfen, muss die Deutsche Bundesbank die Zinsen erhöhen, was die Konjunktur zusätzlich belastet. So hat die Ölkrise der Globalsteuerung ihre ökonomische Grundlage entzogen und einer neuen Ideologie den Weg bereitet: dem Neoliberalismus. Damit ist hier gemeint: einem Rückzug des Staates aus dem Wirtschaftsleben.

Die Ursprünge der neoliberalen Denkschule reichen in die dreißiger Jahre des vorigen Jahrhunderts zurück. Am 26. August 1938 reisen 25 Sozialwissenschaftler aus ganz Europa nach Paris, um am Colloque Walter Lippmann im Institut de Coopération Intellectuelle teilzunehmen. Es ist die Zeit, in der sich die politische Landschaft auf dem Kontinent zunehmend radikalisiert. In Russland sind die Bolschewisten an der Macht, in Deutschland die Nationalsozialisten, in Italien und Spanien formieren sich faschistische Bewegungen. Anlass für das Treffen ist ein neues Buch des amerikanischen Journalisten Walter Lippmann mit dem Titel »Die Gesellschaft freier Menschen«. Lippmann argumentiert darin, dass sowohl staatsorientierte Wirtschaftsmodelle – zu denen er die Sozialdemokratie zählt – wie auch der Manchesterkapitalismus des 19. Jahrhunderts in den Untergang führten. Nur eine »Wiedergeburt des Liberalismus« könne die Menschheit vor der Katastrophe bewahren. In Paris will man diese liberale Erneuerung auf den Weg bringen. Anwesend sind unter anderem die österreichischen Wirtschaftswissenschaftler Friedrich August von Hayek und Ludwig von Mises und die deutschen Ökonomen Alexander Rüstow und Wilhelm Röpke, die als Gründerväter der Sozialen Marktwirtschaft gelten. Man bleibt auch während der Wirren des Zweiten Weltkriegs in Kontakt, und nach Kriegsende nimmt Hayek den Faden wieder auf. Am 1. April 1947 lädt er erneut eine Gruppe einflussreicher Intellektueller zu einem Treffen ins Hôtel du Parc am Fuß des Mont Pèlerin am Genfer See. Europa liegt in Trümmern, und die Weichen für den Wiederaufbau müssen gestellt werden. Hayek, der später mit dem Wirtschaftsnobelpreis ausgezeichnet werden sollte, hält die staatliche Einmischung in den Wettbewerb für falsch und freiheitsfeindlich. Deshalb gründet er an diesem Apriltag die Mont-Pèlerin-Gesellschaft, eine Vereinigung liberaler und libertärer Denker, die sich seither weltweit für mehr Markt und weniger Staat einsetzen.

Im sozialdemokratischen Wirtschaftsidyll der Nachkriegszeit wurde Hayek nicht gehört, doch in der allgemeinen Orientierungslosigkeit der Ölkrise sind seine Lehren gefragt. Schon Mitte der siebziger Jahre schwenkt der Sachverständigenrat zur Begutachtung der gesamtwirtschaftlichen Entwicklung um. Der Rat – die sogenannten Wirtschaftsweisen – ist das wichtigste wirtschaftspolitische Beratungsgremium der Bundesregierung.

Die Wirtschaftsprofessoren erklären die keynesianische Globalsteuerung für gescheitert und sprechen sich für Reformen aus. Die sollen die Volkswirtschaft »leistungsfähiger« machen. Die Wirtschaftsweisen lassen auch keine Zweifel daran, was sie unter diesem Begriff verstehen: Lohnkürzungen, Sozialabbau, Marktliberalisierung. Überall auf der Welt werden jetzt solche Gutachten veröffentlicht, in den Vereinigten Staaten wird die Universität von Chicago zum Zentrum der neuen Denkrichtung. Die Wende in der Wirtschaftspolitik manifestiert sich zuerst in Chile. Das südamerikanische Land ist die Wiege des Neoliberalismus als »realpolitisches Projekt«, wie es der Politikwissenschaftler Thomas Biebricher formuliert. Nach dem Putsch gegen Salvador Allende verordnet die Militärregierung unter Augusto Pinochet dem Land eine ökonomische Schocktherapie. Zölle werden gesenkt, Staatsunternehmen privatisiert und öffentliche Ausgaben zurückgefahren. Eine Schlüsselrolle spielen dabei die sogenannten »Chicago Boys«, eine Gruppe von Ökonomen, die an der Universität von Chicago ausgebildet wurden.

Als Nächstes erreichte die neoliberale Revolution die angelsächsischen Länder. In den USA bringt der Sieg des republikanischen Präsidentschaftskandidaten Ronald Reagan gegen den demokratischen Amtsinhaber Jimmy Carter bei der Präsidentschaftswahl im Herbst 1980 den Wendepunkt. Reagan bezeichnet Hayek als einen der Denker, der ihn am meisten beeinflusst habe. Er lädt ihn ins Weiße Haus ein und schickte ihm Geburtstagskarten. Wie Hayek argumentierte Reagan, dass die Wirtschaft durch ein Übermaß an staatlichen Regeln, hohen Steuern und großzügigen Sozialleistungen gelähmt werde. Deshalb seien Steuersenkungen und Sozialkürzungen notwendig. Damit die Menschen arbeiten müssen, wenn sie überleben wollen. Und die Unternehmen bei den Löhnen sparen können. Reagan sagt das natürlich nicht so. Er sagt: »Lasst uns herausfinden, wie viele aus der Abhängigkeit von Sozialleistungen befreit und zur Eigenständigkeit gebracht werden können.« Steuersenkungen für Unternehmen sind in dieser Lesart kein Geschenk für die Reichen, sondern eine Wohltat für Geringverdiener. Das Argument: Wenn die Unternehmen weniger Steuern zahlen, investieren sie mehr und schaffen auch mehr Arbeitsplätze. Der Wohlstand der Spitzenverdiener sickert nach und nach in die unteren Einkommensschichten durch. Dieser sogenannte »Trickle-down-Effekt« ist ein zentraler Pfeiler fast aller neoliberalen Reformansätze.

In Großbritannien leitet Margaret Thatcher den neoliberalen Umbruch ein. Wie Reagan setzt sie auf eine Schocktherapie aus Steuersenkungen, einer Deregulierung der Märkte und der Privatisierung von öffentlichem Eigentum. Staatsunternehmen wie British Telecom oder British Petroleum und weite Teile des staatlichen Wohnungsbestands werden verkauft. Besonders auf die Gewerkschaften hat es Thatcher abgesehen. Im Jahr 1984 kündigt die staatliche britische Kohlegesellschaft an, unwirtschaftliche Zechen schließen und rund 20 000 Stellen streichen zu wollen. Einen Tag später treten die ersten Kohlearbeiter in den Ausstand. Es kommt immer wieder zu Zusammenstößen mit der Polizei, bei denen es sogar Tote gibt. Auf dem Höhepunkt der Auseinandersetzung streiken mehr als 100 000 Bergleute. Thatcher aber bleibt hart, und im März 1985 geht einer der längsten Arbeitskämpfe in der europäischen Wirtschaftsgeschichte zu Ende, ohne dass die Bergleute ihre Forderungen durchsetzen konnten. Das hat den Niedergang der britischen Arbeiterbewegung eingeläutet. Heute spielen Gewerkschaften in Großbritannien praktisch keine Rolle mehr. Über Finanzinstitutionen wie den Internationalen Währungsfonds (IWF) in Washington verbreitet sich die neue Lehre in der Welt. Viele Länder Afrikas und Lateinamerikas werden gezwungen, ihre Märkte zu öffnen, wenn sie Hilfskredite der Weltgemeinschaft in Anspruch nehmen wollen.

In Deutschland werden die neuen Ideen erst mit Zeitverzögerung politisch wirkungsmächtig. Helmut Kohl verspricht nach seiner Amtsübernahme zwar eine »geistig-moralische Wende«, und Wirtschaftsminister Otto Graf Lambsdorff stellt am 9. September 1982 ein Papier mit dem Titel »Konzept für eine Politik zur Überwindung der Wachstumsschwäche und zur Bekämpfung der Arbeitslosigkeit« vor. Wie in den USA und Großbritannien soll der Staat zurückgedrängt werden, um den Marktkräften mehr Raum zu lassen. Nach dem Fall der Mauer ist jedoch zunächst einmal die Wiedervereinigung das dominierende Thema, so dass grundlegende wirtschaftspolitische Weichenstellungen verschoben werden. Die nimmt dann Gerhard Schröder vor – und leitet damit gewissermaßen eine zweite Welle des Neoliberalismus ein. Sie unterscheidet sich von der ersten dadurch, dass das neoliberale Projekt um sozialstaatliche Elemente erweitert wird. Der Schlüssel zum Verständnis dieser Epoche ist ein Positionspapier, dass Schröders Kanzleramtsminister Bodo Hombach und Peter Mandelson verfassen, ein Vertrauter des damaligen britischen Premierministers Tony Blair von der Labour-Partei. Der Aufsatz trägt den Titel *»Der Weg nach vorne für Europas Sozialdemokraten«*, ist als Schröder-Blair-Papier in die Geschichte eingegangen und greift Theorien des britischen Soziologen Anthony Giddens auf, damals Präsident der renommierten London School of Economics. Giddens argumentiert, dass die Sozialdemokratie auf die Herausforderungen von Globalisierung und Individualisierung reagieren müsse. Deshalb sei ein Mittelweg nötig zwischen der Neuen Rechten und der Alten Linken – also dem Neoliberalismus von Margaret Thatcher und Ronald Reagan und der klassischen Sozialdemokratie mit ihrem Glauben an wohlfahrtsstaatliche Interventionen. Dieser »dritte Weg« zeichnet sich unter anderem dadurch aus, dass Markt und Staat nicht mehr als Gegensätze, sondern als Ergänzung verstanden werden. Bei Gerhard Schröder und Tony Blair liest sich das so:

> In der Vergangenheit wurde die Förderung der sozialen Gerechtigkeit manchmal mit der Forderung nach Gleichheit im Ergebnis verwechselt. Letztlich wurde damit die Bedeutung von eigener Anstrengung und Verantwortung ignoriert und nicht belohnt und die soziale Demokratie mit Konformität und Mittelmäßigkeit verbunden statt mit Kreativität, Diversität und herausragender Leistung. Die Fähigkeit der nationalen Politik zur Feinsteuerung der Wirtschaft hinsichtlich der Schaffung von Wachstum und Arbeitsplätzen wurde überschätzt, die Bedeutung des Einzelnen und der Wirtschaft bei der Schaffung von Wohlstand unterschätzt. Die Schwächen der Märkte wurden überschätzt, ihre Stärken unterschätzt.

Der historische Hintergrund des Schröder-Blair-Papiers ist die Rückkehr der Sozialdemokraten als politische Kraft nach dem Siegeszug der konservativen Parteien. Tony Blair wird im Jahr 1997 Premierminister von Großbritannien, schon 1992 hat Bill Clinton die Präsidentschaftswahl in den Vereinigten Staaten gewonnen. Damit sind die wichtigsten westlichen Industrienationen wieder sozialdemokratisch regiert. Doch die neue Generation der Sozialdemokraten wendet sich nicht vom Neoliberalismus ab, sondern übernimmt – wenn auch abgemildert – seine Kernbotschaften. Wenn Blair von seiner Partei spricht, dann fast nur noch von »New Labour«, ein Zeichen der

Abgrenzung von den Traditionalisten in der Labour-Partei. Als Margaret Thatcher im Jahr 2002 bei einem Abendessen gefragt wird, was ihre größte Errungenschaft gewesen sei, soll sie geantwortet haben: »Tony Blair und New Labour. Wir haben unsere Gegner gezwungen, ihre Meinung zu ändern.« Das ändert aber nichts daran, dass sich die zweite Welle des Neoliberalismus von der Ursprungsvariante unterscheidet. Er ist gewissermaßen sozialdemokratisiert worden: Man glaubte, dass Liberalisierung und Deregulierung ein Beitrag zu einer gerechteren Gesellschaft sind, aber eingebettet werden müssen. Um es mit einem Bild deutlich zu machen: Der Staat hat eine Rolle zu spielen, aber sie besteht vor allem darin, die Bürger für eine Bergwanderung auszurüsten – den Berg müssen sie schon selbst besteigen.

Die Veränderung im sozialdemokratischen Denken lässt sich anhand des Gerechtigkeitsbegriffs deutlich machen. Die Gerechtigkeitstheorie unterscheidet drei Dimensionen der Gerechtigkeit: Verteilungsgerechtigkeit, Chancengerechtigkeit und Leistungsgerechtigkeit. Das Ziel der Verteilungsgerechtigkeit ist eine möglichst gleichmäßige Verteilung der Einkommen. Bei der Chancengerechtigkeit geht es darum, dass alle Menschen mit ähnlichen Ausgangsvoraussetzungen ins Leben starten. Leistungsgerechtigkeit bedeutet: Jeder soll in dem Ausmaß am gesellschaftlichen Wohlstand teilhaben, in dem er zu dessen Erbringung beigetragen hat. Während die traditionelle Sozialdemokratie die Verteilungsgerechtigkeit in den Vordergrund stellte, verschiebt sich der Fokus bei Schröder auf die Leistungsgerechtigkeit. Er hat das neue gerechtigkeitstheoretische Leitmotiv in einem Interview einmal so auf den Punkt gebracht: »Wer arbeiten kann, aber nicht will, der kann nicht mit Solidarität rechnen. Es gibt kein Recht auf Faulheit in unserer Gesellschaft.« Was Schröder nicht gesagt hat, ist, dass sich die Debatten über Leistungsgerechtigkeit durch eine seltsame Unwucht auszeichnen. Denn welche Leistung erbringt eigentlich jemand, der von seinen Eltern ein Vermögen erbt? Und wie gerecht ist es, dass er es behalten darf? Und welche Rolle spielt damit das Leistungsprinzip in einer Gesellschaft, in der manche sehr viel und andere gar nichts erben?

Von Olaf Scholz sind Sätze wie die von Gerhard Schröder nicht überliefert. Sie passen nicht zu seinem vorsichtigen Sprachgebrauch. Aber auch Scholz ist auf seine Weise ein Erbe Thatchers. Als die SPD in Juni 2003 auf einem Sonderparteitag die umstrittenen Maßnahmen der Agenda zur Wahl stellt, sitzt Scholz neben Schröder und hebt mit grimmiger Miene seinen Arm zur Zustimmung. Der deutsche Sozialstaat habe »bereits ein sehr weitgehendes Niveau der Umverteilung materieller Ressourcen und Einkommen erreicht«, erklärt Scholz. Deshalb seien Umverteilungsdebatten nicht mehr von zentraler Bedeutung. Er wisse, dass die neuen Gesetze für viele Menschen »anstrengend« seien, sie seien aber richtig. Scholz spielt auch eine Schlüsselrolle, als die SPD ähnlich wie Tony Blair in Großbritannien ihr Parteiprogramm an den neuen Zeitgeist anpassen will. In diesem Programm wird der »demokratische Sozialismus« als eine der historischen Wurzeln aufgeführt, aus der sich die Politik der SPD auch heute noch speise. Scholz will den Begriff streichen, weil er ihn für nicht mehr zeitgemäß hält. Andrea Nahles – damals Sprecherin der Parteilinken – wirft ihm daraufhin vor, der SPD ihre Geschichte stehlen zu wollen. Am Ende setzt sich Scholz allerdings nicht durch, der »demokratische Sozialismus« bleibt im Programm.

Überhaupt hat es Scholz als Generalsekretär nicht leicht. Er bekommt den Job, weil sein Vorgänger Franz Müntefering nach der Bundestagswahl 2002 an die Spitze der Bundestagsfraktion wechselt. Scholz ist zwar in der breiteren Öffentlichkeit weitgehend unbekannt, aber Schröder durch seine Sachkenntnis aufgefallen. Als die Bundestagsfraktion im Jahr 1999 über eine Reform geringfügiger Beschäftigungsverhältnisse diskutiert, hält Scholz nach der Rede des Kanzlers erst einmal einen arbeitsrechtlichen Grundsatzvortrag. »Gerhard, das ist ein sehr kompliziertes Thema, in dem sich nicht alle gleich gut auskennen«, erklärt er dem verblüfften Schröder. Am 20. Oktober 2002 wird Scholz mit 91,3 Prozent der Stimmen zum Nachfolger Münteferings gewählt. Der behält aber die Fäden in der Hand, und Scholz ist in viele Entscheidungen der Koalitionsspitzen nicht eingebunden. Seine Rolle besteht vor allem darin, die umstrittenen Beschlüsse der Reformen in der Öffentlichkeit zu verteidigen. Jeden Montag nach den Sitzungen der Parteigremien muss er die dort getroffenen Beschlüsse vortragen, und wegen seiner glatten, formelhaften Sprechweise wird er bald der »Scholzomat« genannt. Scholz sagt später in einem Interview, dass er die Zuschreibung als »treffend« empfunden habe. Er habe sich als »Offizier« gesehen, der »absolut loyal« gegenüber seinem Kanzler und seiner SPD zu sein habe. Aber wer ist eigentlich dieser Olaf Scholz?

Scholz wird am 14. Juni 1958 in Osnabrück geboren, seine Familie zieht aber bald nach Hamburg, genauer gesagt nach Großlohe im Stadtteil Rahlstedt im Nordosten der Elbmetropole, aus der die Eltern stammen. Großlohe sieht ein wenig so aus, als hätte ein Stadtplaner einfach einmal alle Bauformen durcheinandergemischt: Reihenhäuser, Bungalows, Wohnsilos, Plattenbauten, die meisten davon aus den sechziger Jahren. Im Süden der Siedlung schließen sich Pferdkoppeln und die Parzellen eines Kleingartenverein an. Großlohe ist kein sozialer

Brennpunkt im engeren Sinn, gilt aber dennoch als Problemviertel: Die Kriminalitätsrate ist nicht höher als in anderen Teilen der Stadt, allerdings liegen die Anteile der Arbeitslosen und der Alleinerziehenden deutlich über dem Hamburger Durchschnitt. Wer hier groß wird, der weiß, was ungleiche Lebensverhältnisse bedeuten. Scholz lebt mit seinen beiden jüngeren Brüdern Jens und Ingo in der gehobenen Gegend des Viertels. Sein Elternhaus liegt in einer Seitenstraße. Ein schlichtes, aber solides Reihenhaus: roter Klinkerstein, Flachdach, kleiner Garten. Der Großvater von Olaf Scholz war Eisenbahner, sein Vater Gerhard arbeitet in der Textilbranche, die Mutter Christel kümmert sich um die Kinder. Scholz sei »behütet« und »bürgerlich« aufgewachsen, sagen ehemalige Weggefährten. Er selbst bezeichnet seine Kindheit als »schön«. Die Familie ist evangelisch, Scholz wird in der Christianskirche im Hamburger Stadtteil Altona getauft, er besucht regelmäßig die Kirche mit seinen Eltern. Das Christentum habe ihm ein »Wertegerüst« mitgegeben, an dem er seine Entscheidungen ausrichte, sagte er einmal. Dazu zähle vor allem die Nächstenliebe, die für ihn auf die gleichen Wurzeln zurückgeht wie der Begriff der Solidarität. Ganz so wichtig scheint das Religiöse für ihn allerdings nicht zu sein. Er ist inzwischen aus der Kirche ausgetreten, bei der Vereidigung zum Bundeskanzler verzichtete er auf die Formel »So wahr mir Gott helfe«.

Scholz besucht die Grundschule Großlohering, in die vor allem Kinder aus der Nachbarschaft gehen. Er ist ein guter Schüler, gilt als zuvorkommend, fleißig, ein wenig schüchtern. Keiner, der sich mit anderen Jungs auf dem Schulhof prügelt. Sein stärkstes Fach ist Deutsch: Seine Aufsätze seien »sehr gut strukturiert, mit guter Rechtschreibung«, so beschreibt es seine ehemalige Klassenlehrerin Annegret Raulfs. Nur Sport ist nicht seine Sache. Er hasst das Fach. Den Eltern ist Bildung wichtig, wenn er zu Hause ist, liest Scholz alles, was er im Bücherschrank findet – vom Krimi bis zum Sachbuch. Seine Leidenschaft für Literatur, Kunst und Film ist geblieben. Er hat lateinamerikanische Autoren – vor allem García Márquez und Vargas Llosa – verschlungen, die Bücher des britischen Reiseschriftstellers Bruce Chatwin gelesen und Robert Musils durchaus sperrigen Jahrhundertroman »Mann ohne Eigenschaften« durchgearbeitet. Als Einziger in seiner Klasse erhält er eine Empfehlung für den Besuch eines Gymnasiums, auch seine beiden Brüder machen Abitur. Jens Scholz studiert Medizin und ist heute Hochschullehrer und Vorstandsvorsitzender des Universitätsklinikums Schleswig-Holstein. Ingo Scholz arbeitet bei einem Hamburger IT-Unternehmen. Der Vater von Olaf Scholz hat einmal gescherzt, seine drei Söhne seien alle erfolgreich – und der Bundeskanzler verdiene am wenigsten.

Karrieren wie die der Scholz-Brüder sind keine Selbstverständlichkeit in Großlohe. Scholz hat einmal gesagt, er könne sich noch heute an einen Mitschüler erinnern, der nicht auf eine weiterführende Schule wechseln durfte, obwohl seine Noten gut waren. Scholz selbst wechselt an das Gymnasium Heegen, das es heute nicht mehr gibt. Dort wird er Schulsprecher und fängt an, sich politisch zu engagieren. Im Jahr 1975 tritt Scholz – mit 17 – in die SPD ein und macht bei den Jungsozialisten (Jusos) mit. Die Entscheidung fällt ihm nicht schwer: Die SPD steht aus seiner Sicht für soziale Gerechtigkeit, und das Thema treibt ihn um. Seine Eltern spielen auch eine Rolle. Sie begeistern sich für Willy Brandt und Helmut Schmidt. Als Scholz sein Parteibuch erhält, ist Schmidt Bundeskanzler. Heute ist auch Scholz ein Bewunderer Schmidts. Die beiden trafen sich mehrmals zu Gesprächen im Haus der Schmidts. Beim Staatsakt anlässlich des Tods von Schmidt am 23. November 2015 hält Scholz die Trauerrede im Hamburger Michel. Sie endet mit der Formulierung, das Land habe einen »Giganten verloren«.

Früher war die Bewunderung nicht so ausgeprägt. Scholz' Eintritt in die SPD fällt in die Zeit des sogenannten NATO-Doppelbeschlusses. Das Verteidigungsbündnis einigt sich am 12. Dezember 1979 darauf, mit der Sowjetunion über den Abbau von nuklearen Mittelstreckenraketen zu verhandeln, die auf Ziele in Westeuropa gerichtet sind. Sollten die Gespräche scheitern – so der zweite Teil des Beschlusses –, dann würden die Vereinigten Staaten ebenfalls Nuklearraketen in Europa stationieren. Schmidt ist für die Maßnahme, weil er fürchtet, dass der Westen ansonsten gegenüber der Sowjetunion ins Hintertreffen gerate. Die Logik von Helmut Schmidt ist die Logik der atomaren Abschreckung: Um einen Krieg zu verhindern, dürfe keine der beiden Seiten in die Position einer militärischen Überlegenheit kommen. Das Lager der parteiinternen Kritiker um Erhard Eppler und Oskar Lafontaine warnt vor einem Wettrüsten. Es kommt immer wieder zu Demonstrationen. Heute würde man wahrscheinlich sagen: Der NATO-Doppelbeschluss hat die Gesellschaft gespalten – und auch die SPD. Am 22. Oktober 1983 gehen in Hamburg, Berlin, Stuttgart und anderen deutschen Großstädten mehr als eine Million Menschen auf die Straße. Die Hauptkundgebung findet in Bonn auf der Hofgartenwiese statt, wo rund 200 000 Demonstranten zusammenkommen. Olaf Scholz ist einer von ihnen. Er war damals für den Bundesvorstand der Jusos in den Koordinierungskreisen der Friedensbewegung aktiv. Es gibt ein Foto aus der damaligen Zeit: Scholz – noch mit braunen Locken – steht neben seinem Mitgenossen Ernst Beland, der eine Fahne der Jusos Rahlstedt schwenkt. Der Bundestag stimmt der Stationierung neuer amerikanischer Atomraketen am 22. November 1983 zu, und nachdem die Sowjetunion die Verhandlungen über einen Abbau ihres Raketenarsenals scheitern lässt, schaffen die Vereinigten Staaten Pershing-II-Raketen nach Deutschland. Die Friedensbewegung hat den Kampf verloren.

Auch in der Wirtschaftspolitik vertritt der Neugenosse Scholz recht radikale Ansichten. Er liest Karl Marx und andere Klassiker der sozialistischen Literatur. Scholz gehört dem sogenannten Stamokap-Flügel an. Diese Theorie geht auf den deutsch-österreichischen Ökonomen Rudolf Hilferding zurück, der in der Weimarer Republik Finanzminister war. In seinem im Jahr 1910 erschienen Hauptwerk „Das Finanzkapital« argumentiert er, dass es auf den Finanzmärkten zu einer Monopolisierung kommt, weil größere Banken kleinere Banken übernehmen. Diese Megabanken steuern dann über ihre Aktienbeteiligungen die Wirtschaft. Im Extremfall kontrolliert ein Konzern das gesamte Wirtschaftsleben und durchdringt auch den Staatsapparat. Finanzoligarchie und Bürokratie bilden eine Einheit. In dieser Zeit verfasst Scholz Texte für die »Zeitschrift für sozialistische Politik und Wirtschaft«, in denen er sich für die Überwindung des Kapitalismus ausspricht. Die Publikation ist so etwas wie das Theorieorgan der Linken in der SPD. Es gibt sie heute noch, Andrea Nahles und Kevin Kühnert gehören zu den Herausgebern. 1982 scheibt Scholz zum Beispiel: »Marxistische Sozialdemokraten erkennen, dass Umweltzerstörung, Kriegsgefahr, Abbau demokratischer Rechte, Arbeitslosigkeit und alle anderen Krisenerscheinungen untrennbar mit der Existenz der kapitalistischen Gesellschaftsordnung verbunden sind. Eine wirksame Beseitigung aller dieser Gefahren setzt daher die Beseitigung des Kapitalismus voraus. Dies kann nur gelingen durch eine Vergesellschaftung der entscheidenden Produktionsmittel und die Beseitigung der darauf gegründeten Macht der Monopolbourgeoisie.« Bei den Jusos fällt Scholz schnell auf. Er gilt als guter, aber auch kontrollierter Redner, der weiß, was er will. Er wird zum stellvertretenden Bundesvorsitzenden gewählt, an die Spitze der Organisation schafft er es aber nie. Er gilt als zu links.

Scholz macht derweil sein Abitur und nimmt 1978 ein Studium auf. Über das richtige Studienfach hat er lange nachgedacht. Sein Abiturschnitt war gut, doch Medizin kam für ihn nicht in Frage, und mit Philosophie – so hat er es später einmal formuliert – konnte man »nichts verdienen«. Der Anwaltsberuf dagegen fasziniert ihn. Hamburg hatte im Jahr 1974 die Juristenausbildung reformiert, es wurden verstärkt sozialwissenschaftliche Elemente in den Studiengang integriert. Scholz kommt das entgegen. Zu seinen akademischen Lehrern gehören Heide Pfarr, Wolfgang Hoffmann-Riem und Hans Peter Bull – Letzterer ist Sozialdemokrat und war der erste Bundesbeauftragte für den Datenschutz sowie sieben Jahre lang Innenminister in Schleswig-Holstein. In den achtziger Jahren unternimmt Scholz auch die ersten Schritte auf dem internationalen Parkett. Im Jahr 1987 wird er Vizepräsident der International Union of Socialist Youth (IUSY), ein Zusammenschluss von sozialistischen und sozialdemokratischen Jugendorganisationen aus mehr als 100 Staaten. Durch sein Engagement dort lernt er die die Debatten in anderen Ländern kennen und knüpft erste internationale Kontakte. Ein weiterer und für seine spätere Karriere nicht unwichtiger Nebeneffekt: Sein Englisch wird besser. Scholz hat als Schüler oder Student von kurzen Sprachaufhalten abgesehen nie länger im Ausland gelebt. In dieser Zeit reist er auch mehrmals mit Juso-Delegationen in die DDR und wird von der Staatssicherheit bespitzelt. Die Akten werden im Bundesarchiv aufbewahrt. Darin wird er unter anderem als »alter Politprofi« bezeichnet, der in der »Organisation großen Einfluss« habe. Das war durchaus treffend beobachtet.

Nach Studium und Zivildienst in einem Altenheim zieht sich Scholz vorübergehend aus der Politik zurück und gründet im Jahr 1990 mit der Arbeitsrechtlerin Gabriele Zimmermann in Hamburg eine Kanzlei. Es gibt sie heute noch, Olaf Scholz ist weiterhin einer der Partner. Er vertritt Arbeitnehmer, die gegen eine Kündigung klagen, und arbeitet mit Betriebsräten zusammen. Dabei ist er viel in Ostdeutschland unterwegs. Der Fall der Mauer geht auch mit einem wirtschaftlichen Umbruch einher, weil die Staatsbetriebe der DDR privatisiert werden. Allerdings sind viele Ostunternehmen im marktwirtschaftlichen Umfeld der Bundesrepublik nicht konkurrenzfähig. Sie müssen saniert oder abgewickelt werden. Das ist die Aufgabe der Treuhandanstalt, die über die Zukunft von mehr als 10 000 Betrieben zu entscheiden hat. Scholz berät Betriebsräte in ihren Verhandlungen mit den Unternehmensleitungen und den Vertretern der Treuhandanstalt. Es geht häufig darum, den Abbau von Arbeitsplätzen sozialverträglich zu gestalten – durch Sozialpläne oder Beschäftigungsgesellschaften beispielsweise. Im Osten gilt die Treuhandanstalt heute vielfach als Symbol für den Ausverkauf der eigenen Wirtschaft. Scholz hält die Privatisierung im Prinzip für richtig. Er glaubt aber, dass dabei zu wenig Rücksicht auf die Interessen der betroffenen Unternehmen und ihrer Arbeitnehmer genommen wurde. Es wäre aus seiner Sicht sinnvoll gewesen, den Betrieben zum Beispiel durch Kapitalhilfen mehr Zeit zu geben, um sich an die Bedingungen des Weltmarkts anzupassen. Damals hat Olaf Scholz auch mit der linksalternativen *Tageszeitung* (*taz*) zu tun. Die steckt Anfang der neunziger Jahre in einer schweren finanziellen Krise und wirbt in einer öffentlichen Kampagne um Unterstützung. Scholz – selbst Leser des Blattes – erfährt von den Schwierigkeiten. Er ruft den Verlagsgeschäftsführer an und empfiehlt ihm die Gründung einer Genossenschaft als »moderne Form demokratischer Selbstorganisation in der Wirtschaft«. Das Konzept geht auf, heute hat die Genossenschaft über 20 000 Mitglieder.

In Hamburg lernt Olaf Scholz auch seine Frau Britta Ernst kennen. Sie stammt ebenfalls aus der Hansestadt und ist 1978 – drei Jahre nach ihm – in die SPD eingetreten. Die beiden kommen kurz vor dem 25. Geburtstag von Olaf Scholz zusammen. Im Jahr 1998 heiraten sie. Kinder haben sie keine. Wie Scholz ist auch Ernst Politikerin aus Leidenschaft. Und wie für ihn heißt das vor allem: Akten bearbeiten, Mehrheiten organisieren, Probleme lösen. Ernst hat nach dem Abitur eine Ausbildung zur Kauffrau der Grundstücks- und Wohnwirtschaft absolviert und danach Volkswirtschaft studiert. Sie arbeitet zunächst für die Stadtentwicklungsbehörde in Hamburg und zieht dann in die Bürgerschaft der Hansestadt ein, wo sie stellvertretende Vorsitzende, schulpolitische Sprecherin und später dann parlamentarische Geschäftsführerin der sozialdemokratischen Fraktion wird. Die beiden führen eine Ehe, die man als gleichberechtigt beschreiben kann. Als Scholz im Wahlkampf gefragt wird, ob seine Frau auch weiterarbeite, wenn er Kanzler werde, sagte er, diese Frage empöre ihn. Er glaube nicht, dass sie Männern gestellt werde, die Ehegatten sind. Man muss dazu wissen, dass Scholz sich schon seit seiner Zeit bei den Jusos für die Gleichberechtigung von Mann und Frau einsetzt. Es war ihm als Kanzler wichtig, dass sein Kabinett paritätisch besetzt ist. Dennoch bleiben Konflikte im Berufsleben von Olaf Scholz und Britta Ernst nicht aus. Als Scholz 2011 Bürgermeister wird, gilt sie als Idealbesetzung für den Posten der Schulsenatorin. Sie bekommt den Job nicht – weil sie mit Scholz verheiratet ist. Stattdessen geht sie nach Berlin und wird Geschäftsführerin der Bundestagsfraktion der SPD. Am 16. März 2011 verfasst Ernst eine Erklärung, in der sie Stellung bezieht: Sie halte es für politisch vertretbar, »wenn Ehepartner oder Lebensgefährten einer gemeinsamen Regierung angehören, sogar wenn ein Teil des Paares diese Regierung führt«. Es sei auch nicht richtig, »dass Veränderungen bei einem Partner mit dem Verzicht des anderen begleitet werden«. Dennoch habe sie »nach vielen Abwägungen« entschieden, das Angebot der Bundestagsfraktion anzunehmen. Sie bleibt drei Jahre in Berlin und wird dann Bildungsministerin von Schleswig-Holstein. Als die SPD dort die Landtagswahl verliert und in die Opposition muss, wechselt sie in gleicher Funktion nach Brandenburg und wird 2021 amtierende Vorsitzende der Kultusministerkonferenz, die die Bildungspolitik in Deutschland koordiniert. Es ist schwer vorstellbar, dass Britta Ernst ihren Beruf aufgibt, um an der Seite von Scholz repräsentative Aufgaben zu übernehmen. Er würde das auch nicht wollen. Scholz wird für seine Verhältnisse emotional, wenn es um Britta Ernst geht. Sie sei die »Liebe seines Lebens« hat er einmal gesagt. Sie hat Scholz auch zum Sport gebracht: Wenn es sich zeitlich einrichten lässt, dann geht er heute joggen, rudern oder wandern. Nicht so sehr weil es ihm Spaß macht, das würde auch nicht zu Olaf Scholz passen. Er braucht keine Hobbys. Die Politik ist sein Hobby. Und sein Beruf. Mit dem Sport hat er angefangen, weil er festgestellt hat, dass er einfach nicht mehr fit war und etwas dagegen tun musste.

Für Scholz ist seine Anwaltstätigkeit ein intellektueller Wendepunkt. Die Erfahrung mit der Wirklichkeit gerade im Osten der Republik habe ihn »geerdet«, wie er das einmal in einem Interview beschrieben hat. In dieser Lebensphase von Olaf Scholz bedeutet das: Sie macht aus dem linken Idealisten einen Mann der Mitte. Das zeigt sich, als er sich wieder der Politik zuwendet und in Hamburg sein erstes Regierungsamt übernimmt. In der Hansestadt ist Hartmuth Wrocklage unter Beschuss, Innensenator des von dem Sozialdemokraten Ortwin Runde geführten rot-grünen Senats der Hansestadt. Der Vorwurf: Wrocklage kümmere sich nicht genug um das Thema Innere Sicherheit. Es ist die Zeit, in der der Hamburger Amtsrichter Ronald Schill mit seiner Partei Rechtsstaatlicher Offensive immer mehr Zulauf erhält. Schill hat sich mit sehr hohen Strafmaßen einen Namen gemacht und kritisiert die Innenpolitik des Senats als zu lasch. Scholz stellt sich in seiner Eigenschaft als Hamburger Landeschef der SPD zuerst hinter Wrocklage, noch Anfang Mai 2001 sagt er, dieser werde noch »lange« im Amt bleiben und die Sozialdemokraten hätten das Thema Innere Sicherheit »keineswegs unterschätzt«. Doch schon am 28. Mai tritt Wrocklage zurück, am 30. Mai 2001 wird Scholz sein Nachfolger. Der positioniert sich als Hardliner. »Ich bin liberal, aber nicht doof« ist sein bekanntester Spruch aus jener Zeit. Scholz sorgt für mehr Stellen bei der Polizei und führt den zwangsweisen Einsatz von Brechmitteln zur Konfiszierung von verschluckten Drogen ein. Damit will er vor allem die Drogenszene am Hamburger Hauptbahnhof in den Griff bekommen. Inzwischen hat der Europäische Gerichtshof für Menschenrechte Brechmitteleinsätze für menschenrechtswidrig erklärt.

Es ist nicht die einzige Herausforderung für Olaf Scholz. Am 11. September 2001 fliegen islamistische Attentäter Flugzeuge in das World Trade Center in New York und das Pentagon in Washington, fast 3000 Menschen verlieren ihr Leben. Schnell stellt sich heraus, dass drei der Terroristen in Hamburg lebten – darunter Mohammed Atta, der das erste Flugzeug in den Nordturm des World Trade Center flog. Atta wohnte in einer Wohngemeinschaft im Stadtteil Harburg und studierte dort an der Technischen Universität. Für Olaf Scholz beginnt damit die erste große Prüfung seiner politischen Laufbahn. Er erfährt von der Hamburger Terrorzelle am 12. September und schaltet sich sofort in die Ermittlungen ein. Die Nacht verbringt er im Lagezentrum des Polizeipräsidiums in Alsterdorf. Die Wohnungen der Verdächtigen werden durchsucht. Scholz gibt eine Rasterfahndung in Auftrag, die Datensätze der Polizei werden nach bestimmten Merkmalen durchsucht. Das Ziel: weitere Zellen identifizieren und eine Gefährdung der Stadt ausschließen. Am Ende werden knapp 1000 auffällige Datensätze überprüft, weitere Verdächtige können aber nicht ermittelt werden. Die Rasterfahndung ist auch datenschutzrechtlich umstritten, das Bundesverfassungsgericht hat sie im Jahr 2006 als Präventivmaßnahme für unzulässig erklärt. Für Scholz aber hat in den Tagen nach den Anschlägen die Sicherheit der Bürger Priorität. Als er am Morgen des 13. September eine Pressekonferenz anberaumt, um die Öffentlichkeit zu informieren, spricht sich Generalbundesanwalt Kay Nehm dagegen aus, die Bundesanwaltschaft hat inzwischen die Ermittlungen übernommen. Scholz wendet sich an Bundesjustizministerin Hertha Däubler-Gmelin – eine Parteifreundin – und setzt mit ihrer Hilfe durch, dass die Pressekonferenz stattfindet. Er hat sein Ziel erreicht: Er steht im Mittelpunkt des internationalen Interesses.

So offenbart der Umgang mit den Anschlägen einen Wesenszug des Politikers Olaf Scholz, der auch in späteren Krisen zu beobachten sein wird: sein ausgeprägtes Selbstbewusstsein. Scholz ist der Meinung, dass es in den meisten Themengebieten eigentlich nur einen echten Experten gibt: Scholz. In der Rentendebatte hat er nur halb im Scherz einmal gesagt, es gebe in Deutschland nur eine Handvoll Leute, die das Rentensystem wirklich verstünden. Er sei einer davon. Tatsächlich gibt es in Deutschland wenige Spitzenpolitiker, die sich so methodisch und strukturiert in Sachverhalte einarbeiten wie Olaf Scholz. Er kann seinen Mitarbeitern mit präzisen Nachfragen zu den Details rechtlicher oder volkswirtschaftlicher Zusammenhänge auf die Nerven gehen. Dieses Selbstbewusstsein ist auch bei der Vorstellung seines Kabinetts im Willy-Brandt-Haus nach der gewonnenen Bundestagswahl zu beobachten. Sie wird zu einer Art Machtdemonstration. Die Namen werden, was für Berliner Verhältnisse ungewöhnlich ist – und was noch eine Rolle spielen wird –, vorher nicht durchgestochen. Und die designierten Minister kommen praktisch kaum zu Wort, selbst der populäre Gesundheitsexperte Karl Lauterbach darf nur ein paar Sätze sagen. Auf den in der Politik üblichen landsmannschaftlichen Proporz legt Scholz keinen Wert: Zweimal Hamburg (jedenfalls wenn man Scholz und Kanzleramtschef Wolfgang Schmidt der Hansestadt zurechnet, die inzwischen in Brandenburg beziehungsweise Berlin leben), zweimal Nordrhein-Westfalen, zweimal Hessen, einmal Niedersachsen und einmal Brandenburg. Niemand aus Bayern, niemand aus Baden-Württemberg und niemand aus den anderen neuen Bundesländern. »Wer Führung bestellt, der kriegt sie auch«, hat Scholz einmal gesagt. Man müsste vielleicht hinzufügen: Auch wer sie nicht bestellt, der kriegt sie.

In Hamburg hat ihm seine Forschheit allerdings nicht viel gebracht. Die Hamburger SPD muss nach der Bürgerschaftswahl 2001 in die Opposition. Nachfolger von Scholz als Innensenator wird Ronald Schill, auf Ortwin Runde folgt Ole von

Beust. Auch deshalb geht Scholz zu Schröder nach Berlin. Den Job als Generalsekretär behält er aber nicht lange. Im Superwahljahr 2003 verliert die SPD 9,1 Prozentpunkte bei den Landtagswahlen in Bayern, 10,3 Prozentpunkte in Hessen, 14,5 Prozentpunkte in Niedersachsen. Als sich Scholz auf dem Parteitag der Sozialdemokraten im November 2003 zur Wiederwahl stellt, bekommt er nur noch 52,6 Prozent der Stimmen. Und als Schröder angesichts der anhaltenden Kritik aus den eigenen Reihen im Jahr 2004 den Parteivorsitz an Franz Müntefering abgibt, tritt auch sein Generalsekretär zurück. Die Karriere von Olaf Scholz scheint am Ende zu sein. Dabei fängt sie gerade erst an.

3
Respekt

Es hat in Deutschland eine gewisse Tradition, politische Richtungsentscheidungen in der Frankfurter Allgemeinen Zeitung anzukündigen. Angela Merkel veröffentlicht dort am 22. Dezember 1999 einen Gastbeitrag, in dem sie sich von Helmut Kohl distanzierte. Der Text erscheint auf dem Höhepunkt der Krise der Union. Wenige Wochen zuvor war bekannt geworden, dass sich die CDU unter Kohl mit illegalen Parteispenden finanzierte. Merkel lobt erst Kohls Verdienste um die deutsche Einheit. Danach schreitet sie zur Attacke: Die Partei müsse die Zukunft »selbst in die Hand nehmen« und sich »von zu Hause lösen«. Der Beitrag leitet das Ende der Ära Kohl ein. Am 10. April 2000 wird Angela Merkel in Essen zur Vorsitzenden der CDU gewählt, fünf Jahre später ist sie Bundeskanzlerin. Olaf Scholz veröffentlicht seinen Angriff auf die alte Ordnung am 10. März 2021. »Plädoyer für eine Gesellschaft des Respekts« ist der Artikel überschrieben. Das klingt erst einmal ein wenig banal, denn wer hat schon etwas gegen Respekt? Tatsächlich aber versucht Scholz mit seinem Aufsatz eine Neudefinition sozialdemokratischer Politik. Er will die Frage beantworten, wie sich sozialer Zusammenhalt in Zeiten eines beschleunigten gesellschaftlichen und ökonomischen Wandels organisieren lässt. Seine Antwort markiert eine Abkehr von der neoliberalen Philosophie der Agendapolitik. Sie fällt in eine Zeit, in der weltweit die Zweifel an der Deregulierung der Märkte wachsen und der Staat als politischer Akteur eine Renaissance erlebt.

Diese Zeitenwende ist vor allem darauf zurückzuführen, dass die ökonomische Bilanz des neoliberalen Zeitalters eher gemischt ausfällt. Den Schwellenländern haben die vergangenen Jahrzehnte zwar in der Tat gewaltige Wohlstandszuwächse beschert. Ein großer Teil der Menschheit ist heute materiell betrachtet in einem besseren Zustand als in der vermeintlich guten alten Zeit. Am eindrucksvollsten zeigt sich das in China: Noch im Jahr 1980 lebten dort so viele absolut Arme wie in keinem anderen Land der Erde. Nach offizieller Definition sind das Menschen, die – um die Schwankungen der Kaufkraft bereinigt – mit weniger als 1,90 US-Dollar am Tag auskommen müssen. Seither ist die Armutsquote deutlich gesunken. Nach Berechnungen der Weltbank sind mehr als 850 Millionen Menschen der Armut entkommen. Das wäre nicht möglich gewesen, wenn nicht im Zuge der neoliberalen Revolution Zölle gesenkt und Grenzen für den Warenverkehr geöffnet worden wären. Denn dadurch konnten viele westliche Unternehmen ihre Produktion nach China verlagern, wo die Löhne niedriger und die Sozialstandards weniger streng sind. China nutzte also seinen Lohnkostenvorteil, um die Weltmärkte mit Billigprodukten zu überschwemmen, und schaffte so den Sprung vom Agrarstaat zur Industrienation. Sogar in afrikanischen Ländern sind die Armutsraten gesunken, und die allgemeinen Lebensverhältnisse haben sich verbessert. Die durchschnittliche Lebenserwartung eines Senegalesen betrug im Jahr 1980 48,9 Jahre, inzwischen sind es 68,2 Jahre. Ein Inder, der heute auf die Welt kommt, wird im Schnitt zehn Jahre älter als wenn er vor dreißig Jahren geboren worden wäre. China oder Indien sind deshalb auch nicht als Hochburgen der Globalisierungskritik bekannt.

Ein wenig anders verlief die Entwicklung allerdings in den westlichen Industrienationen. Wissenschaftler der London School of Economics haben mittels statistischer Verfahren untersucht, wie sich die Steuersenkungen des neoliberalen Zeitalters auf das Wirtschaftswachstum und die Einkommensverteilung in den entwickelten Ländern ausgewirkt haben. Ergebnis: Der Anteil des obersten Prozents der Einkommensbezieher am Volkseinkommen ist in fast allen Fällen gestiegen, dagegen hätten die Reformen »keinen signifikanten Effekt auf Wachstum und Beschäftigung« gehabt. Mit anderen Worten: Die Reichen sind zwar reicher geworden, aber die Armen hatten davon wenig. Das lässt sich vor allem in den USA beobachten. Entfielen im Jahr 1960 noch 35,6 Prozent des Volkseinkommens auf die reichsten zehn Prozent der Einkommensbezieher, so waren es im Jahr 2020 schon 45,5 Prozent. Die unteren 50 Prozent kamen dagegen im Jahr 1960 noch auf 18 Prozent, 2020 hingegen nur mehr auf 13,3 Prozent. Auch die gesamtwirtschaftlichen Auswirkungen der deutschen Hartz-Reformen in Deutschland sind umstritten. Es gibt Studien, die zu dem Ergebnis kommen, dass die Arbeitnehmer niedrigere Löhne akzeptiert hätten – aus Angst davor, in die Grundsicherung zu fallen. Das habe dazu beigetragen, die Arbeitslosigkeit zu senken, unter anderem weil dadurch Langzeitarbeitslose und Geringqualifizierte in den Arbeitsmarkt integriert werden konnten. Andere Untersuchungen kommen aber zu dem Ergebnis, dass der Rückgang der Arbeitslosigkeit ab dem Jahr 2005 vor allem auf die verbesserte Weltkonjunktur und nicht auf die Agendapolitik zurückzuführen sei. In jedem Fall haben die Maßnahmen dazu beigetragen, dass sich in Deutschland ein gewaltiger Niedriglohnsektor herausgebildet hat. Im Jahr 2018 verdienten knapp acht Millionen und damit mehr als ein Fünftel aller abhängig Beschäftigten in

Deutschland weniger als zwei Drittel des mittleren Stundenlohns. In keinem anderen europäischen Land ist der Anteil der Geringverdiener so groß.

Die internationale Finanzkrise hat schließlich bis weit hinein ins bürgerliche Lager Zweifel geweckt, ob es wirklich der allgemeinen Wohlfahrt dient, wenn Devisenhändler Milliardensummen um den Erdball transferieren. Und für die Fehlspekulationen einer globalen Finanzelite auf weitgehend unregulierten Märkten die Allgemeinheit aufkommen muss. Scholz hat es in diesem Zusammenhang einmal als einen »der größten Irrtümer der vergangenen Jahrzehnte« bezeichnet, den Bankenmarkt zu liberalisieren. So mehren sich die Anzeichen dafür, dass die neoliberale Epoche ihre besten Jahre hinter sich hat. Bereits im Jahr 2016 rechnete ein Forschungsteam des Internationalen Währungsfonds in einem Positionspapier mit dem Neoliberalismus ab, der die Politik der Organisation so lange bestimmt hatte. Darin heißt es, dass eine Kürzung der Staatsausgaben und eine Liberalisierung der Kapitalmärkte unter dem Strich womöglich mehr schaden als nutzen, weil sie die Ungleichheit erhöhen, ohne sich erkennbar positiv auf das Wirtschaftswachstum auszuwirken. Das Papier schließt mit der Forderung nach einer »nuancierteren Betrachtung« der neoliberalen Agenda. So scheinen beispielsweise die Gewerkschaften dazugelernt zu haben: Obwohl der Ölpreis im Zuge der wirtschaftlichen Erholung nach der Coronakrise gestiegen ist, sind die Lohnabschlüsse in Deutschland bislang moderat geblieben. Die Gefahr einer sich selbst verstärkenden Lohn-Preis-Spirale ist deshalb geringer als in den siebziger Jahren.

Und noch ein Thema rückt in den Mittelpunkt des wissenschaftlichen Interesses: die Verteilung von Einkommen und

Vermögen. In den neoliberalen Jahren interessierte sich dafür kaum jemand. Man hatte ja den Markt. Aber nun schaut man sich die Sache genauer an. Die Organisation für wirtschaftliche Zusammenarbeit und Entwicklung (OECD) kommt in einer 2014 erschienenen Studie zu dem Ergebnis, dass eine hohe Ungleichheit der Einkommen nicht nur ein soziales Problem ist, sondern auch das Wirtschaftswachstum beeinträchtigen kann. Das Argument: Wenn sehr viele Menschen sehr wenig Geld haben, dann wird weniger in Bildung investiert, was die Produktivität der Arbeitnehmer beeinträchtigt. Auch könne ein hohes Maß an Ungleichheit zu Verteilungskonflikten führen, die die politische Stabilität gefährden. Interessant sind diese Ergebnisse, weil sie eine der zentralen Annahmen des Neoliberalismus gewissermaßen vom Kopf auf die Füße stellen. Die Neoliberalen argumentierten, dass ein gewisses Maß an Ungleichheit hingenommen werden muss, weil sonst der wirtschaftliche Wohlstand in Gefahr ist. In einer Gesellschaft, in der alle annähernd gleich viel haben, sinke demnach der Anreiz, Höchstleistungen zu vollbringen. Mit diesem Argument konnten bestehende Einkommensunterschiede mit dem Verweis auf ihre effizienzsteigernde Wirkung gerechtfertigt werden. Es lässt sich aber nicht mehr aufrechterhalten, wenn die Effizienz bei einem Anstieg der Ungleichheit überhaupt nicht zunimmt. Nun sind solche Studien methodisch nicht unproblematisch, da sowohl das Wachstum als auch die Ungleichheit von einer Vielzahl von Größen beeinflusst werden. Es ist nicht leicht, das Zusammenspiel aller Wirkungskanäle zu quantifizieren. Aber so viel kann als gesichert gelten: Anders als vor zehn oder zwanzig Jahren würde heute kaum ein Wissenschaftler eine höhere Ungleichheit pauschal für wirtschaftspolitisch notwendig erklären.

Das Dogma von den heilenden Kräften freier Märkte gerät aber auch noch von einer anderen Seite unter Druck. Die Londoner Wirtschaftsprofessorin Mariana Mazzucato etwa spricht sich für einen investierenden Staat aus, der Innovationen fördert. Denn bei vielen technologischen Neuerungen spiele die öffentliche Hand eine zentrale Rolle. So sei das Internet aus einem Forschungsprogramm des amerikanischen Verteidigungsministeriums zur Optimierung der Satellitenkommunikation hervorgegangen. Leitbild ist für Mazzucato die Mondlandung. Als die Sowjets den ersten Satelliten in den Weltraum schossen, rief der damalige US-Präsident John F. Kennedy seine Landsleute zu einer nationalen Kraftanstrengung auf und startete die Apollomission. Am Ende waren die Amerikaner die Ersten auf dem Mond. Nach Ansicht von Mazzucato zeigt das Beispiel, dass sich die großen Probleme der Menschheit nur lösen lassen, wenn die Politik die Führung übernimmt und dem Markt klare Grenzen setzt. Das gilt vor allem für den Kampf gegen die Erderwärmung, der nur mit gewaltigen öffentlichen Investitionen und neue Regulierungen gewonnen werden könne. Die Idee: Damit der Markt funktioniert, müssen die sich dort herausbildenden Preise etwas mit den realen Knappheitsverhältnissen zu tun haben: Wenn die Kartoffelernte schlecht ausfällt, steigt der Kartoffelpreis. Dann lohnt es sich für die Kartoffelbauern, mehr Kartoffeln anzubauen. Dadurch erhöht sich das Kartoffelangebot, und der Kartoffelpreis fällt wieder. Das Knappheitsproblem ist gelöst. Wenn dagegen die Atmosphäre mit Kohlendioxid verschmutzt wird, steigt erst einmal überhaupt kein Preis. Die Atmosphäre hat keinen Besitzer, der für die Verschmutzung Geld verlangen könnte. Also sorgt die Logik des Markts dafür, dass immer mehr Kohlendioxid ausgestoßen wird und sich die Erde erhitzt. Um das zu verhindern, muss der Staat eingreifen. Etwa indem er einen Preis für die Verschmutzung verlangt. Oder indem er den Ausbau alternativer Energien fördert. Die Erkenntnisse von Leuten wie Mariana Mazzucato prägen inzwischen die akademischen Debatten und die Agenda von internationalen Konferenzen.

Die Pandemie beschleunigt das Umdenken noch einmal. Die Erfahrung, dass Grenzen bei gesundheitlichen Notlagen praktisch über Nacht Grenzen geschlossen werden können, bringt viele Unternehmen dazu, ihre Waren vermehrt in der Nähe ihres Heimatmarkts herzustellen. Und wie selbstverständlich wurden auf dem Höhepunkt der Krise schuldenfinanzierte Hilfsprogramme aufgelegt, um die Konjunktur zu stützen. Beim Thema Staatsfinanzen zeigt sich der Wandel der ökonomischen Debatte besonders deutlich. Auch für rechtskonservative Politiker verlieren höhere Schulden ihren Schrecken. Donald Trump hat nie einen Zweifel daran gelassen, dass es ihm völlig gleich ist, woher das Geld kommt, mit dem er Politik machen will. Er hat sich einmal als »King of Debt« bezeichnet, als König der Schulden. Als solcher erwies er sich auch. Während seiner Präsidentschaft stieg die amerikanische Schuldenquote auf fast 130 Prozent der jährlichen Wirtschaftsleistung. In Großbritannien setzt Boris Johnson auf eine Art Volkskonservatismus, der nicht das Londoner Finanzviertel, sondern die Arbeiterschaft in Nordengland ins Visier nimmt und die Einwanderung begrenzen will. Das ist immer noch rechts, aber nicht mehr neoliberal. Sogar die Londoner Financial Times – das Zentralorgan des Finanzkapitalismus – spricht sich am 4. April 2020 in einem die Blattlinie wiedergebenden Leitartikel für »radikale Reformen« aus, die die »Politikrichtung der vergangenen vier Dekaden umkehren«. Der Text endet mit der Forderung, dass »die Regierungen eine aktivere Rolle in der Wirtschaft« übernehmen sollen. Im Dezember 2021 erreicht die Gegenrevolution dann schließlich auch das Land, in dem alles begann: Chile. Dort entscheidet der Linkspolitiker Gabriel Boric die Parlamentswahl für sich. »Wenn Chile der Geburtsort des Neoliberalismus ist, dann ist es auch sein Friedhof«, erklärt er.

So wiederholt sich gerade die Geschichte – aber mit umgekehrtem Vorzeichen: Die Anhänger der sozialdemokratischen Globalsteuerung sind gescheitert, weil sie keine adäquate Antwort auf die Herausforderungen der Ölkrise der siebziger Jahre gefunden haben. Die Neoliberalen sind gescheitert, weil sie keine Rezepte gegen die Krisen des 21. Jahrhunderts anzubieten haben.

Das neue Denken schlägt sich auch in der Politik von Olaf Scholz nieder. Schon bald nach seinem Rückzug als Generalsekretär tritt er für erste Korrekturen der Agendapolitik ein. Als die rot-grüne Koalition bei der vorgezogenen Bundestagswahl 2005 ihre Mehrheit verliert, und die SPD in eine Regierung unter Angela Merkel eintritt, übernimmt Scholz den Posten des Ersten Parlamentarischen Geschäftsführers der Bundestagsfraktion. Man kann sich Parlamentarische Geschäftsführer als Parlamentsmanager vorstellen: Sie koordinieren die Abläufe innerhalb der Fraktion und bereiten Parlamentsdebatten vor. Es ist ein idealer Job, um das eigene Netzwerk zu vergrößern. Scholz nutzt die Gelegenheit. Auch Unionspolitiker loben sein Verhandlungsgeschick. Er gilt als einer, auf den man sich verlassen kann. Seine Stunde schlägt, als der inzwischen zum Arbeitsminister ernannte Franz Müntefering am 13. November 2007 seinen Rücktritt erklärt. Müntefering will seiner an Krebs erkrankten Frau beistehen und zieht sich aus der Politik zurück. Bei der Suche nach einem Nachfolger fällt die Wahl auf Olaf Scholz. Seiner Nominierung geht ein parteiinterner Streit über die Verlängerung des Arbeitslosengeldes voraus. An der Spitze der SPD hat inzwischen der rheinland-pfälzische Ministerpräsident Kurt Beck die Amtsgeschäfte übernommen. Er will die SPD nach den kalten Agenda-Reformen wieder ein wenig zu einer Partei machen, die die Herzen erwärmt. Eines seiner Vorhaben: Die Bezugsdauer des Arbeitslosengeldes soll für ältere Arbeitnehmer wieder verlängert werden. Müntefering hält das für falsch, weil er glaubt, dass das ein Bruch mit der Philosophie der Agenda sei. Scholz schlägt sich auf die Seite Becks. Es müsse möglich sein, »die Reformpolitik weiterzuentwickeln, ohne dass wir deshalb die Reformen der zurückliegenden Jahre in Frage stellen«. Nachdem der Sozialstaat durch die von Gerhard Schröder durchgesetzten Maßnahmen in seiner Existenz bedroht worden sei, gebe es jetzt mehr Spielraum für höhere Ausgaben. Mit dieser Begründung setzt Scholz auch durch, dass die Berechnung der Rentenformel geändert wird und die Rentner mehr Geld bekommen. Einen Richtungswechsel allerdings will er damals noch nicht: An der Zusammenlegung von Arbeitslosenhilfe und Sozialhilfe hält er fest. Er spricht sich auch gegen eine generelle Erhöhung der Sätze in der Grundsicherung aus.

Dafür wird er an anderer Stelle aktiv, als nach dem Zusammenbruch der Investmentbank Lehman Brothers die internationale Finanzkrise ihren Lauf nimmt. Auch in Deutschland bricht die Wirtschaftsleistung ein, zahlreiche Unternehmen berichten von Absatzschwierigkeiten. Firmen wie Bosch oder BMW stoppen die Produktion. Es drohen Massenentlassungen, die die Krise noch verschärfen würden. Scholz appelliert an die Firmen, ihre Belegschaft nicht abzubauen. Er belässt es aber nicht dabei. Mit seinen Mitarbeitern sucht er nach Wegen, wie sich der Personalbestand erhalten lässt. Scholz ist überzeugt: Wenn sich die Lage an den Finanzmärkten beruhigt, dann wird auch die Produktion wieder anziehen. Es geht also nur darum, eine Durstrecke von ein paar Monaten zu überwinden. Man verständigt sich darauf, einen »Schutzschirm für Arbeitsplätze« zu errichten. Kernelement dieses Schirms ist eine Reform des Kurzarbeitergelds. Das Prinzip: Im Krisenfall übernimmt der Staat einen Teil der Lohnkosten, sofern die Unternehmen ihre Mitarbeiter weiterbeschäftigen. Scholz verlängert die Bezugsdauer von 12 auf 18 Monate und dann auf 24 Monate, erhöht die Ausgleichszahlungen und erleichtert die Zugangsvoraussetzung. Die Initiative erweist sich als voller Erfolg: Viele Unternehmen nutzen die neuen Möglichkeiten. Nach einer Studie des Instituts für Makroökonomie und Konjunkturforschung sowie der Universitäten von Kiel und Münster wurden durch die Regelung 330 000 Arbeitsplätze gerettet. Die Kurzarbeit gilt heute als einer der Gründe, weshalb Deutschland im Vergleich mit anderen Ländern gut durch die Finanzkrise gekommen ist. Der Internationale Währungsfonds bezeichnete diese Art der Staatshilfe sogar als »ideales Instrument im Kampf gegen Wirtschaftseinbrüche«. Deutschland sei unter den sieben großen Industrienationen das einzige Land gewesen, in dem die Beschäftigung während der Krise nicht gesunken sei. In den Jahren darauf werden viele Länder das deutsche Modell kopieren.

Die SPD fährt bei den Bundestagswahlen 2009 trotzdem ein desaströses Ergebnis ein und geht in die Opposition. Scholz konzentriert sich wieder auf Hamburg und wird Vorsitzender des Landesverbands der Hansestadt. Als Ole von Beust wegen einer durch einen Volksentscheid gekippten Schulreform zurücktritt, wird Scholz als Spitzenkandidat für die vorgezogene Bürgerschaftswahl am 20. Februar 2011 nominiert. Die SPD kann ihr Ergebnis im Vergleich zur letzten Wahl um 14,3 Prozentpunkte verbessern und erringt die absolute Mehrheit der Sitze in der Bürgerschaft. Scholz wird am 7. März 2011 zum Ersten Bürgermeister der Hansestadt gewählt. Sein wichtigstes Projekt: mehr Wohnraum schaffen. In Hamburg sind damals wie in fast allen deutschen Großstädten Wohnungen knapp, vor allem für Menschen mit niedrigem Einkommen. Scholz richtet eine eigene Senatskommission für Stadtentwicklung und Wohnungsneubau ein, vereinfacht die Genehmigungsverfahren und bringt ein »Bündnis für das Wohnen in Hamburg« auf den Weg. Das funktioniert so, dass sich Vertreter der Immobilienverbände und der Stadtverwaltung auf konkrete Zielvorgaben für den Wohnungsbau verständigen. Ergebnis: Knapp 415 neue Wohnungen sind in Hamburg nach einer Analyse des Bundesverbandes deutscher Wohnungs- und Immobilienunternehmen zwischen 2011 und 2020 je 10 000 Einwohner entstanden. Der Durchschnitt unter den 15 größten Städten Deutschlands liegt bei lediglich 331 Wohnungen. Insgesamt wurden seit dem Amtsantritt von Olaf Scholz 77 000 Wohneinheiten fertiggestellt, darunter auch zahlreiche staatlich geförderte Unterkünfte für Haushalte mit geringem oder mittlerem Einkommen.

Auch die Hamburger Wohnungspolitik markiert somit eine vorsichtige Abkehr von neoliberalen Politikansätzen. Denn im Zuge der Deregulierungspolitik zog sich der Staat auch aus dem Wohnungsmarkt zurück und überließ diesen der Privatwirtschaft. Überall in Deutschland verkauften die Kommunen Grundstückflächen und fuhren den Neubau von Sozialwohnungen zurück. Die Folge: Bundesweit gab es im Jahr 2002 noch rund 2,6 Millionen Wohnungen mit Preisbindung, im Jahr 2018 waren es nur mehr 1,2 Millionen – also weniger als halb so viele. Besonders bizarr war die Entwicklung in Berlin. Dort stimmte der Senat der Stadt noch 2004 dem Verkauf der landeseigenen Gemeinnützigen Siedlungs- und Wohnungsbaugesellschaft zu. Für 405 Millionen Euro gingen 65 700 Wohnungen und Gewerbeeinheiten an internationale Fondsgesellschaften. Mit den Privatisierungserlösen sollten Haushaltslöcher gestopft werden. Heute wird in Berlin darüber diskutiert, die Immobilien für ein Vielfaches des damals gezahlten Betrags zurückzukaufen. Finanzsenator in der Hauptstadt war während der Privatisierung Thilo Sarrazin, Regierender Bürgermeister Klaus Wowereit – beides Sozialdemokraten. Die CDU sprach damals von einem »persönlichen Erfolg« für Sarrazin, die FDP forderte die Privatisierung weiterer Wohnungsunternehmen, nur die Grünen lehnten den Verkauf ab.

Scholz hat aus seiner Hamburger Zeit aber auch die Lehre gezogen, dass gute Politik im Kern gute Verwaltungspraxis ist. Dass es die große Scholz-Rede bislang noch nicht gibt, liegt also nicht nur daran, dass Scholz einfach kein großer Redner ist. Er hält große Reden generell für überschätzt. Entscheidend für den Erfolg einer politischen Maßnahme ist für ihn nicht die Vision, sondern ihre Umsetzung. Es gibt wenige Spitzenpolitiker, Angela Merkel gehörte dazu, die sich so für den Maschinenraum der Politik interessieren: die Gremien, die Strukturen, die Vorschriften, die Fallstricke. Es wird allgemein unterschätzt, wie viel Zeit Spitzenpolitiker in irgendwelchen Abstimmungsrunden verbringen. Weil Parteigremien auf Linie gebracht werden müssen, Bundesländer oder ganze Staaten. Mit seiner rhetorischen Zurückhaltung hebt sich Scholz vom Berliner Politikbetrieb ab, in dem die Leute oft eher zu viel als zu wenig reden. Er grinst stattdessen gern ein Grinsen, das der bayerische Ministerpräsident Markus Söder einmal als »schlumpfig« charakterisiert hat. Die Wähler scheint das bislang nicht gestört zu haben, sonst wäre Scholz in den Umfragen nicht so beliebt. Er ist aber jetzt – um im Bild zu bleiben – kein einfacher Schlumpf mehr, sondern der Große Schlumpf. Als Kanzler bestimmt er nicht nur die Richtlinien der Politik, er muss sie auch erklären. Denn die Leute werden wissen wollen, wohin er das Land führen will. Und nicht nur mit welchen Maßnahmen das Ziel erreicht werden soll. Beim Thema Wohnungsbau jedenfalls will Scholz die Methode Hamburg auf den Bund übertragen. Es gibt ein klares Ziel: 400 000 Wohnungen im Jahr. Um dieses Ziel zu erreichen, wird ein eigenes Bundesbauministerium geschaffen. Ein solches gab es nach dem Krieg schon einmal. Die Städte waren zerbombt, und es musste Wohnraum für Flüchtlinge aus den ehemaligen Ostgebieten geschaffen werden. Im Jahr 1998 wurde es aber aufgelöst beziehungsweise mit dem Verkehrsministerium fusioniert, danach wurde es zunächst an das Umweltministerium angegliedert und dann dem Innenministerium zugeschlagen. Es gab ohnehin immer weniger zu tun, weil sich die Politik aus dem Wohnungsgeschäft zurückgezogen hatte. Scholz will das jetzt ändern. Genauer gesagt: Klara Geywitz. Seine Partnerin bei der Kandidatur um den Parteivorsitz wird die erste Bauministerin seit Eduard Oswald von der CSU. Ihr Staatssekretär ist Rolf Bösinger, ein langjähriger Vertrauter von Olaf Scholz aus Hamburger Tagen.

Und noch etwas fällt schon damals in Hamburg auf: Scholz baut sich gerne ein theoretisches Fundament für seine politischen Ziele. In diesem Fall sind es die Thesen des amerikanischen Ökonomen Edward Glaeser. Glaeser entwirft in seinem 2012 erschienenen Buch *Triumph of the City* das Bild der Großstadt als Lebensraum der Zukunft. Sein Buch ist eine Streitschrift für die Urbanisierung, die die Innovationskraft fördere und auch ökologische Vorteile mit sich bringe. Als Beleg verweist Glaeser auf das Wachstum der amerikanischen Vorstädte, das mit einem enormen Flächenverbrauch einhergehe. Um ausreichend Wohnraum zu schaffen, müssten Städte in die Höhe und nicht in die Breite gebaut werden. Glaeser räumt ein, dass das zu Konflikten führen kann, weil Anwohner sich oft gegen Neubauten zur Wehr setzten. Doch er argumentiert: In aller Regel gewöhnt sich die Altbevölkerung recht schnell an neue Gebäude. Deshalb müsse man Widerstände ernst nehmen, dürfe sich ihnen aber nicht in allen Fällen beugen. Scholz hat das Buch gelesen und seinen Mitarbeitern zur Lektüre empfohlen. Er verfasste sogar eine euphorische Rezension für das Debattenmagazin *Berliner Republik*. Sein Ziel: Hamburg soll eine »Big City« werden und in einer Liga mit den Metropolen der Welt spielen. Wenn dafür an der einen oder anderen Stelle »ein paar Geschosse mehr« errichtet werden müssten, dann sei das so.

Nun ist es so, dass viele Politiker Bücher lesen. Wolfgang Schäuble hatte, als er noch Bundesfinanzminister war, eine Zeitlang eine Biographie von Alexander Hamilton (auf den sich Scholz bei seinen europapolitischen Initiativen berufen hatte) im Gepäck. Angela Merkel vertieft sich gerne in russische Romane. Peter Altmaier hat in seiner Bibliothek sechshundert Bände über Otto von Bismarck. Das bedeutet nicht, dass Schäuble sich den früheren amerikanischen Finanzminister als Vorbild genommen hat, Merkel von Leo Tolstoi beeinflusst worden wäre oder Altmaier als Wirtschaftsminister durchregiert hätte wie der Eiserne Kanzler. Bei Olaf Scholz ist das anders. Sein politisches Wirken ist stark durch seine Lektüre geprägt. Er verschlingt Rezensionen, informiert sich über Neuerscheinungen, und wenn ihn etwas interessiert, müssen seine Mitarbeiter ihm das Buch bestellen. Als anlässlich des G20-Gipfels der türkisch-amerikanische Wirtschaftsprofessor Dani Rodrik nach

Hamburg kommt, lädt ihn Scholz zum Gespräch. Er hat Rodriks neuestes Buch gelesen und will sich darüber unterhalten. Die entscheidenden intellektuellen Anregungen für die Kanzlerschaft von Olaf Scholz gibt aber der amerikanische Philosoph Michael Sandel. Scholz ist fasziniert von dessen Buch »Vom Ende des Gemeinwohls. Wie die Leistungsgesellschaft unsere Demokratie zerreißt«. Weil er Sandel wegen der Coronapandemie nicht persönlich treffen kann, schalten sich die beiden im Wahlkampf per Videokonferenz zusammen.

Im Zentrum der Auseinandersetzung mit Sandels Werk steht für Scholz der Emanzipationsbegriff. Er spielt für die SPD seit jeher einer Schlüsselrolle. Nach der Gründung der Partei im Oktober 1890 ging es vor allem darum, die Lebensbedingungen der Industriearbeiter zu verbessern. Bereits in der Weimarer Reichsverfassung aus dem Jahr 1919 wurden auf Drängen der SPD erstmals Grundsätze der sozialen Gerechtigkeit wie die »Gewährleistung eines menschenwürdigen Daseins für alle« verankert. Am 16. Juli 1927 verabschiedete der Reichstag mit Zustimmung der SPD das »Gesetz über Arbeitslosenvermittlung und Arbeitslosenversicherung« (AVAVG). Es sieht vor, dass unfreiwillig Arbeitslose für 26 Wochen finanziell unterstützt werden. Unter Willy Brandt wird dann das Versprechen des sozialen Aufstiegs zum neuen programmatischen Wesenskern der SPD erklärt. In seiner Regierungserklärung vom 28. Oktober 1969 kündigt Brandt an, »Bildung und Ausbildung, Wissenschaft und Forschung« an die »Spitze der Reformen« seiner Regierung zu stellen. Für Brandt ist die Bildungspolitik vor allem ein Instrument, um die Chancengleichheit zu erhöhen. Seine Diagnose: Das Bildungssystem ist der Schlüssel, um die Spaltung der Gesellschaft in Arm und Reich zu überwinden. Der französische Soziologe Pierre Bourdieu hat in diesem Zusammenhang den Begriff des Bildungskapitals geprägt: Bildung ist demnach genau wie materieller Besitz eine Form der Kapitalausstattung, die über die Lebenschancen entscheidet. So gesehen besteht das Ziel der sozialdemokratischen Bildungspolitik der siebziger Jahre darin, die unteren Schichten mit mehr Bildungskapital auszustatten. Dazu werden Schulen und Hochschulen ausgebaut und neue Fördermittel bereitgestellt. In Bremen wird 1971 eine Universität gegründet, in Siegen 1972. Am 1. September 1971 tritt das Bundesausbildungsförderungsgesetz (BAföG) in Kraft trat. Es begründet einen Rechtsanspruch auf Ausbildungsförderung und ist nicht an Spitzenleistungen in der Schule oder im Studium gekoppelt, sondern an das Einkommen der Eltern. Seit 1971 haben mehr als vier Millionen Menschen ihre Ausbildung mit dem BAföG finanziert, darunter sind viele, die ohne die Förderung wahrscheinlich kein Studium aufgenommen hätten. Die Folge: Im Jahr 1960 besuchten 72 Prozent der Schülerinnen und Schüler einer Alterskohorte eine Volksschule, 17 Prozent gingen auf ein Gymnasium. Im Jahr 1980 war der Anteil der Gymnasiasten und Gymnasiastinnen bereits auf 27 Prozent gestiegen, heute sind es etwa 43 Prozent eines Jahrgangs. Die Zahl der Studierenden hat sich zwischen 1975 und 1995 mehr als verdoppelt.

Doch die Hinwendung zum Akademischen hat eine Schattenseite. Indem sie sich dem Aufstiegsgedanken verschreibt, entwickelt sich die SPD gewissermaßen zur Partei der Leistung. Denn wenn sich die Aufgabe des Staates darin erschöpft, allen die gleichen Bildungschancen einzuräumen, dann bedeutet das im Umkehrschluss: Wer es nicht nach oben schafft, der hat sich eben nicht richtig angestrengt. Dagegen können sich die Gewinner der Illusion hingeben, sie hätten ihren Erfolg selbst verdient, obwohl es dafür häufig andere Gründe gibt. Sandel macht das Leistungsprinzip dafür verantwortlich, dass die gesellschaftlichen Spannungen in vielen westlichen Demokratien zugenommen haben. Für ihn führt gewissermaßen, ein wenig zugespitzt formuliert, eine direkte Linie von Willy Brandt zu Donald Trump. Diese ergebe sich daraus, dass einerseits die Bildungschancen in Wahrheit eben längst nicht für alle gleich seien. In den USA ist das unbestritten, es lässt sich aber auch für Deutschland zeigen. Die Bildungsexpansion hat zwar mehr Arbeiterkindern das Studium an einer Universität ermöglicht, sie sind dort aber nach wie vor deutlich in der Minderheit. Dagegen sind die Studienanfängerquoten der Kinder von Beamten, Angestellten und Selbständigen erheblich gestiegen. Der soziale Hintergrund spielt bereits bei der Schulwahl eine Rolle. Im Jahr 2015 besuchten rund 61 Prozent der Kinder unter 15 Jahren von Eltern mit einem hohen Bildungsabschluss das Gymnasium, bei Kindern von Eltern mit einem mittleren beziehungsweise einem niedrigen Bildungsabschluss waren es nur 30 beziehungsweise 14 Prozent. Einkommen und Status des Elternhauses sind also nach wie vor für den beruflichen Erfolg ausschlaggebend.

Doch selbst unter der Voraussetzung einer perfekten Chancengleichheit hält Sandel es für problematisch, wenn sich eine Gesellschaft ausschließlich am Leistungsprinzip orientiert. Denn die Verlierer im Wettbewerb um Status und Anerkennung blieben dann mit ihren Sorgen und Nöten alleine zurück. Das öffnet Räume für populistische Parteien, die die Missachteten mit dem Versprechen einer bedingungslosen Anerkennung ködern. Nach dem Motto: Bei den etablierten Parteien musst du etwas leisten, aber wir nehmen dich, wie du bist. Als Beispiel für die Arroganz der Eliten gilt Sandel eine Aussage von Hillary

Clinton, die Anhänger von Donald Trump im Wahlkampf als »basket of deplorables« (»ein Korb voller Bedauernswerter«) bezeichnete: »Sie sind rassistisch, sexistisch, schwulenfeindlich, fremdenfeindlich, islamfeindlich.« Diese Demütigung der Verlierer befeuere den populistischen Protest, meint Sandel. Deshalb müsse den drei bereits erwähnten Dimensionen der Gerechtigkeit (Chancengerechtigkeit, Leistungsgerechtigkeit, Verteilungsgerechtigkeit) eine vierte hinzugefügt werden: die Beitragsgerechtigkeit. Gemeint ist damit, dass jeder für seinen Beitrag zum Gemeinwohl anerkannt werden soll – wobei sich dieser Beitrag eben gerade nicht an der individuellen Produktivität oder der Kenntnis ausgefeilter Kulturtechniken bemisst. Es geht vielmehr um eine Gesellschaft, in der die Menschen letztlich aufgrund ihres Menschseines akzeptiert werden.

Scholz sieht das ähnlich. So wichtig gute Bildung sei: Der Aufstiegsimperativ drohe zu einer Herabwürdigung all derer zu führen, die »keine akademischen Abschlüsse oder Kreativberufe in den Metropolen« anstreben, schreibt er in seinem Artikel. Die Lebensweise vieler »hart arbeitender Bürgerinnen und Bürger« stoße in den kulturellen und ökonomischen Eliten oft auf eine »verhöhnende Verachtung«. So sei eine sichtbare und respektvolle Darstellung der Arbeiter in Literatur, Film und Wissenschaft eher selten. Dieses Dilemma will Scholz durch eine »Gesellschaft des Respekts« auflösen, in der jeder Bürger »als Gleicher unter Gleichen« angesehen wird. Eine solche Gesellschaft zeichne sich dadurch aus, dass sich Anerkennung und Wertschätzung wie bei Sandel nicht an kulturellen oder ökonomischen Leistungsnachweisen festmacht. Scholz lehnt deshalb auch den auf Brandt zurückgehenden Slogan »Aufstieg durch Bildung« ab. Dieser Satz könne von Menschen als abwertend empfunden werden, die keine hohen Bildungsabschlüsse erworben haben. Weil sie sich zum Beispiel bewusst für eine Berufsausbildung entschieden haben. Deshalb spricht Scholz lieber über die Durchlässigkeit des Bildungswesens, die es zu verbessern gelte.

Scholz entwickelt Sandels Theorie aber weiter und verpasst ihr gewissermaßen eine ökonomische Basis. Er findet sie in der gesellschaftlichen Arbeitsteilung, aus der sich der Anspruch auf Respekt und Anerkennung auch materiell ableiten lasse. Oder wie Scholz formuliert: »Das Akademikerehepaar mit Kindern und zwei hohen Vollzeiteinkommen kann nur zurechtkommen, wenn es auf eine Dienstleistungswirtschaft zurückgreifen kann, in der eben auch andere Tätigkeiten ausgeübt werden, etwa Reinigen, Liefern, Kochen oder Betreuen.« Weil die Gesellschaft also ohne Reiniger, Lieferanten, Köche oder Betreuer nicht funktioniert, können Reiniger, Lieferanten, Köche und Betreuer von der Gesellschaft etwas einfordern. Genau wie die Akademiker. Denn es kann eben nicht jeder Kunstprofessor oder Investmentbanker sein. Weil man Gemälde oder Aktien eben nicht essen kann. Man kann auch nicht darin wohnen. Aus Scholz' Sicht reicht es, wie später noch ausführlicher gezeigt werden wird, nicht aus, diese Ansprüche durch staatliche Sozialtransfers abzugelten. Sie müssen sich vielmehr in der Struktur der Entlohnung widerspiegeln. Deshalb setzt er sich unter anderem für stärkere Gewerkschaften ein. Auch der Mindestlohn ist für ihn ein Instrument zur Herstellung von Anerkennung. Er müsse so bemessen sein, »dass man seinen Lebensunterhalt ohne öffentliche Hilfe bestreiten kann«. Das ist eine klare Abkehr von den Grundsätzen der Agendapolitik. Damals wollte man durch die Absenkung des Lohnniveaus auch Geringqualifizierte in Arbeit bringen. Wenn das Geld nicht zum Leben reicht, sollte der Staat aufstocken. Auch in der Hoffnung, dass den Betroffenen irgendwann der Sprung in eine Beschäftigung mit höheren Einkommen gelingt. Nur dass das oft nicht gelungen ist. Nach einer Studie der Hans-Böckler-Stiftung kommen rund vier Millionen Arbeitnehmer kaum über die Runden, obwohl sie Vollzeit arbeiten. Das sind etwa 25 Prozent aller Vollzeitbeschäftigten. Sie gehören dem sogenannten unteren Entgeltbereich an, verdienen also weniger als zwei Drittel des mittleren Einkommens von 2285 Euro brutto im Monat. Sonderzahlungen wie das Weihnachtsgeld sind dabei bereits eingerechnet. Das will Scholz ändern.

Man kann die maßgeblich von Olaf Scholz durchgesetzte Grundrente als Anwendungsbeispiel für eine Philosophie des Respekts verstehen. Bevor diese Grundrente eingeführt wurde, konnten Rentner mit geringen Einkommen beim Sozialamt Grundsicherung beantragen. Das ist aber oft nicht geschehen, zum Beispiel weil die Betroffenen über ihre Rechte nicht Bescheid wussten oder den Gang zum Amt als entwürdigend empfanden. Nach einer Schätzung des Deutschen Instituts für Wirtschaftsforschung rufen nur die Hälfte aller anspruchsberechtigten Rentner die ihnen zustehende Leistung ab. Die Grundrente dreht gewissermaßen die Beweislast um. Wer lange gearbeitet, aber wenig verdient hat, der hat Anspruch auf mehr Geld aus der Rentenkasse. Ein Antrag ist nicht nötig, auch eine Prüfung der Bedürftigkeit findet nicht statt. Die Rentenversicherung zahlt den Betrag als Bestandteil der Rente automatisch aus. Wer also von seiner Rente im Alter nicht leben kann, der tritt dem Staat nicht als Bittsteller, sondern als Anspruchsberechtigter entgegen – genau wie Rentner mit einem höheren Einkommen. Das ist es, was Scholz mit Respekt und Anerkennung meint. Es gibt inzwischen viele ökonomische Studien, die darauf hindeuten, dass es darauf ankommt, mit welcher Haltung der Staat auf die Empfänger von Sozialleistungen zugeht. So hat sich in den USA gezeigt, dass die Einführung eines freien Schulessens für alle die Ernährungssituation auch der Kinder verbessert hat, die wegen des niedrigen Einkommens ihrer Eltern eigentlich vorher schon Anspruch auf eine solche Versorgung hatten. Der Grund: Sie hatten die Leistung nicht abgerufen, weil sie eine Stigmatisierung fürchteten.

Allerdings zeigt sich beim Thema Rente auch: In der Praxis ist das mit dem Respekt ein wenig komplizierter, als es in der Theorie klingt. Das fängt bei den ökonomischen Kosten an. Für die Stabilisierung der Rente beispielsweise ist Geld nötig, das die Jungen erwirtschaften müssen. Es findet also eine Umverteilung von Jung zu Alt statt. Scholz lässt diesen Einwand nicht gelten. Als der wissenschaftliche Beirat des Bundeswirtschaftsministeriums im Wahlkampf auf drohende Finanzierungsprobleme bei der Altersvorsorge hinwies und deshalb eine Anhebung des Rentenalters vorschlug, entgegnete Scholz, der Vorschlag sei »falsch gerechnet und unsozial«. So einfach ist es dann aber doch nicht, denn dass die Alterung der Gesellschaft das Rentensystem belastet, ist eine Tatsache. Dem wissenschaftlichen Beirat des Wirtschaftsministeriums gehören auch Wirtschaftswissenschaftler an, die eher der SPD nahestehen.

Mit seiner Respektphilosophie entwirft Scholz also eine sozialdemokratische Zukunftsvision, die den gescheiterten Neoliberalismus ablösen soll. Sie zeichnet sich dadurch aus, dass sie den sozialdemokratischen Diskurs um ein Element erweitert, das konservativen Denkweisen entnommen ist. Denn während sich die Sozialdemokratie der ständigen Verbesserung des Menschen verpflichtet fühlt, akzeptieren Konservative diesen so, wie er nun einmal ist. Mit seinen Fehlern und seinen Defiziten. Genau das macht Scholz, wenn er das Aufstiegsprinzip in Frage stellt. Bei

Sandel erfolgt dieser Schritt in der Auseinandersetzung mit dem politischen Liberalismus, der auf Immanuel Kant zurückgeht und von dem amerikanischen Philosophen John Rawls in eine zeitgenössische Form gebracht worden ist. Rawls hat nach einem Gesellschaftsmodell gesucht, dem im Prinzip jeder vernünftig denkende Mensch zustimmen kann. Seine Idee: ein sogenannter Schleier des Nichtwissens. Die Ordnung einer Gesellschaft solle so gestaltet sein, dass die Bürger ihr zustimmen können, wenn sie nicht wissen, welche Position sie in dieser Gesellschaft einnehmen. Man würde unter diesen Voraussetzungen wahrscheinlich zum Beispiel das Prinzip für richtig halten, dass sich Leistung lohnen soll. Weil man gerne mehr hätte, wenn man sich anstrengt. Sandel dagegen argumentiert, dass eine solche individualistische Ableitung von Gerechtigkeitsprinzipien den Gemeinschaftsaspekt des menschlichen Zusammenlebens vernachlässige. Gerecht ist demnach nicht unbedingt, was unter abstrakten Gesichtspunkten als gerecht gelten kann – sondern das, was die Menschen an einem bestimmten Ort und in einer bestimmten Zeit für gerecht halten. Weil der Gemeinschaftsbegriff für sie so wichtig ist, wird die Denkschule von Sandel und seinen Mitstreitern als Kommunitarismus bezeichnet. Auch sie geht auf einen deutschen Philosophen zurück: Georg Wilhelm Friedrich Hegel. Er glaubte, dass das, was Kant und der politische Liberalismus als Vernunft bezeichnen, in Wahrheit immer von den gesellschaftlichen Umständen beeinflusst werde. Es gibt also nicht die Vernunft, sondern verschiedene historische und geographische Ausprägungen der Vernunft. Oder wie Hegel in seiner Rechtslehre schreibt: »Was vernünftig ist, das ist wirklich; und was wirklich ist, das ist vernünftig.«

Gerade bei Thema Klimaschutz werden die Unterschiede zwischen den beiden Ansätzen deutlich: Wer die Welt unter einem Schleier des Unwissens betrachtet, würde wahrscheinlich ein hohes Maß an Klimaschutz für gerecht halten. Schließlich muss er oder sie damit rechnen, auf einer vom Untergang bedrohten Insel zu leben – oder in einer Zeit, in der die Folgen des Klimawandels weite Teile der Erde unbewohnbar gemacht haben. Wer dagegen die bereits vorhandenen Werte und Traditionen zum Maßstab macht, landet möglicherweise bei weniger Klimaschutz. So zum Beispiel, wenn die Werte der kommenden und vom Klimawandel besonders betroffenen Generationen in der betrachteten Gemeinschaft noch nicht artikuliert werden. Anders formuliert: Wenn da nur Alte leben, wird sich kaum jemand für den Zustand der Erde in 100 Jahren interessieren. Das Bundesverfassungsgericht hat sich in dieser Debatte gewissermaßen auf die Seite Kants geschlagen. Es hatte im April 2021 die Frage zu beantworten, wem die Kosten des Klimaschutzes aufgebürdet werden sollen: den Alten oder den Jungen. Hintergrund waren Klagen gegen das Klimagesetz der Großen Koalition. In diesem Gesetz steht, dass Deutschland bis 2050 klimaneutral werden soll, wie es das Pariser Klimaabkommen vorsieht. Die Regierung hat aber nur festgelegt, wie viel Kohlendioxid bis 2030 eingespart werden muss – für den Zeitraum von 2031 bis 2050 werden keine Vorgaben gemacht. Das Problem: Wenn sich die bis 2030 geplanten Einsparungen als zu gering veranschlagt erweisen, dann muss ab 2031 umso mehr eingespart werden, um das Klimaziel zu erreichen. Diese Einsparleistung hätten dann jene zu erbringen, die dann noch am Leben sind. Dadurch würde die Anpassungslast also in die Zukunft verschoben werden. Das hat das Gericht als verfassungswidrig beanstandet und sich auf den Artikel 20a im Grundgesetz berufen. Darin heißt es: »Der Staat schützt auch in Verantwortung für die künftigen Generationen die natürlichen

Lebensgrundlagen.« Die politische Brisanz des Urteils liegt darin, dass es gewissermaßen die Zukunft in die Gegenwart holt und den heute noch nicht Geborenen eine Stimme gibt. In der Praxis bedeutete das: Die Regierung musste ihr Klimagesetz nachschärfen.

Den Kommunitaristen mit ihrem Interesse am Hier und Heute sind solche Erwägungen eher fremd. So kann ihre Denkweise in letzter Konsequenz dazu führen, dass die gesellschaftlichen Verhältnisse, so wie sie sind, für naturgegeben erklärt werden, auch wenn sie veränderbar sind. Wenn Anerkennung nicht mehr an Leistung oder Engagement gekoppelt ist, warum dann überhaupt Schulen und Universitäten bauen? Warum in die Kinderbetreuung investieren? Als eine Betriebskantine des Volkswagenwerks in Wolfsburg im Sommer 2021 die Currywurst vom Speiseplan streichen wollte, schaltete sich Gerhard Schröder ein. Die Currywurst sei ein »Kraftriegel für die Facharbeiterin und den Facharbeiter« und müsse deshalb erhalten werden. Muss sie das? Geht es den Arbeitern wirklich besser, wenn sie billiges Fleisch essen? Würden sie nicht vielleicht lieber etwas anderes essen, wenn sie es sich leisten könnten? Und ist es mit den planetaren Ressourcen überhaupt in Einklang zu bringen, wenn auf der Erde alle jeden Tag Fleisch essen, einen Diesel fahren und in einem Einfamilienhaus wohnen wollen? Hillary Clinton mag unrecht gehabt haben, als sie die Trump-Wähler pauschal als sexistisch und fremdenfeindlich bezeichnete. Aber vielleicht sind einige von ihnen genau das. Und in diesem Fall wäre es vielleicht die Aufgabe einer sozialdemokratischen Partei, das auch klar zu sagen. Scholz will diese Fallstricke durch seine materielle Erweiterung der kommunitaristischen Theorie vermeiden. Wenn Respekt bedeutet, dass in einer arbeitsteiligen Gesellschaft angemessene Löhne bezahlt werden, dann kann der Begriff sein emanzipatorisches Potenzial ausspielen. Er würde dieses aber verlieren, wenn eine Politik des Respekts am Ende nur bedeutet, die Gesellschaft in Ruhe zu lassen.

4
Wumms

Am 10. Dezember 2019, einem Dienstag, nimmt Olaf Scholz an einem grauen Besprechungstisch in seinem Büro im Bundesfinanzministerium an der Berliner Wilhelmstraße Platz. Scholz ist zu diesem Zeitpunkt noch der oberste Kassenwart des Landes und hat gerade die vielleicht düstersten Tage seiner politischen Karriere hinter sich. Man könnte auch sagen: Er hat sich grandios verzockt. Die SPD suchte einen neuen Parteivorsitzenden, und Olaf Scholz hatte sich für den Job beworben. Zusammen mit der Brandenburger Landtagsabgeordneten Klara Geywitz, die nun das Bauministerium leitet. Insgesamt treten neun Paare gegeneinander an – immer ein Mann und eine Frau. Auch ein Einzelkämpfer ist dabei, der bayerische Abgeordnete Karl-Heinz Brunner. Damit die Basis die Bewerber kennenlernen kann, hat die Partei eine Art *roadshow* veranstaltet: 23 Vorstellungsrunden an 23 Orten innerhalb von fünf Wochen mit insgesamt 20 000 Zuschauern. Kein Gekungel im Hinterzimmer mehr, sondern maximale Demokratie. Das ist die Idee. Scholz nimmt an fast allen Veranstaltungen teil, obwohl er darüber hinaus noch sein Ministerium leiten muss. Als er einmal wegen anderer Termine wirklich nicht kann, sagt Geywitz scherzhaft, Olaf habe keine Zeit, weil er noch den Haushalt machen müsse. Scholz rechnet sich gute Chancen aus, den Job zu bekommen. Er ist der mit Abstand bekannteste unter den Bewerbern. Er hat Wahlen gewonnen. Man sieht ihn in der Tagesschau, die Zeitungen schreiben über ihn.

Es kommt anders. In der Stichwahl unterliegt er gegen Saskia Esken und Norbert Walter-Borjans, zwei zum damaligen Zeitpunkt eher unbekannte Sozialdemokraten aus der zweiten Reihe. Wenn überhaupt. Die beiden erhalten in der Stichwahl 53,06 Prozent der Stimmen, Scholz und seine Mitkandidatin Geywitz kamen dagegen nur auf 45,33 Prozent. Scholz hat erst kurz vor der Veröffentlichung des Ergebnisses von seiner Niederlage erfahren, danach sagt er ein paar Worte und fährt nach Hause. Nun will er sich erstmals öffentlich erklären. Er tut es in der Form eines Interviews mit der ZEIT, an dem der Autor dieses Buchs beteiligt war. Man muss dazu wissen, dass Interviews mit Olaf Scholz normalerweise nicht unbedingt ein Vergnügen sind. Scholz ist hinter den Kulissen nicht wesentlich unterhaltsamer als in der Öffentlichkeit: lieber ein Wort zu wenig als eines zu viel. Das ist seine Devise. Ein Interview ist für ihn gelungen, wenn er nicht auf Fragen antwortet, sondern einfach das sagt, was er sich vorgenommen hat. Wenn das nicht möglich ist, sagt er manchmal auch einfach nichts. Und grinst sein schlumpfiges Grinsen.

In dem Film »Entscheidungstage: Hinter den Kulissen des Machtwechsels« des Dokumentarfilmers Stephan Lamby gibt es eine Szene, in der Scholz mit einem umstrittenen Wahlwerbespot konfrontiert wird. In dem Spot werden russische Matrjoschka-Puppen gezeigt, auf denen die Gesichter von prominenten Unionspolitikern zu sehen sind: Friedrich Merz, Andreas Scheuer, Nathanael Liminski, Armin Laschets einflussreicher Staatskanzleichef in Düsseldorf. Während die Kamera die Figuren zeigt, sagt eine Stimme folgende Sätze: »Wer Armin Laschet und die CDU wählt, wählt eine Politik, die Reiche reicher und Arme ärmer macht. Kandidierende, die die CDU an den rechten Rand rücken. Erzkatholische Laschet-Vertraute, für die Sex vor der Ehe ein Tabu ist. Minister, die für maue Leistungen statt für Mobilität von morgen stehen. Und ein Programm, das inhaltsleer ist.« Der Spot hat im Wahlkampf für einen mittleren Skandal gesorgt, unter anderem weil den Sozialdemokraten vorgeworfen wurde, religiöse Überzeugungen verächtlich zu machen. Lamby will von Scholz wissen, ob er den Spot gekannt und gebilligt hat. Es folgt ein Dialog, in dem Olaf Scholz in immer neuen Wendungen den Fragen seines Gesprächspartners ausweicht. An einer Stelle antwortet Scholz auf die einfache Frage, ob er den Spot kannte, so: »Wir brauchen eine klare Debatte zum Beispiel über die Frage, dass es nicht in Ordnung ist für den Zusammenhalt unserer Gesellschaft und für die Frage, wie wir unsere Zukunft finanzieren, wenn jetzt einige Parteien antreten und sagen, ihr Konzept sei, dass die Leute, die sehr viel Geld verdienen, weniger Steuern zahlen sollen. Nachdem wir 400 Milliarden Euro an Krediten aufgenommen haben, um Arbeitsplätze und Unternehmen zu retten und durch die Coronakrise zu bringen.« So kann das ablaufen, wenn man mit Scholz ins Gespräch kommen will. Als er an diesem Dienstag einem Interview zustimmt, erwarten in Berlin viele, dass er seinen Rücktritt erklärt. Doch es kommt anders.

Wie es ihm gehe, fragen wir. Das Ergebnis des Votums habe ihm natürlich »nicht besonders gefallen«, sagt Scholz, aber wer kandidiere, der könne nun einmal auch verlieren. Ob er an Rücktritt gedacht habe? Es wäre eine »sehr egozentrische Haltung gewesen«, das Amt des Finanzministers und Vizekanzlers aufzugeben. Ob es für ihn einen Punkt gebe, an dem er sage, ich bin jetzt raus? Nach seinem Eindruck fänden viele »ganz gut, was ich mache«. Ob es angesichts der miesen Umfragewerte nicht besser wäre, die SPD würde erst gar keinen Kanzlerkandidaten aufstellen? Seine Ansicht sei bekannt, die SPD »sollte einen Kanzlerkandidaten aufstellen«. Was zu diesem Zeitpunkt noch kaum jemand weiß: Olaf Scholz ist längst dabei, seine Kandidatur vorzubereiten. Minutiös arbeitet er an seinem nächsten Karriereschritt, das Interview ist Teil seiner Strategie. Die Niederlage im Kampf um den Parteivorsitz mag die bitterste Niederlage im politischen Leben von Olaf Scholz gewesen sein, bitterer als der Verlust des Postens als Innensenator von Hamburg oder der unfreiwillige Rückzug als Generalsekretär der SPD. Doch Scholz hat seine eigene Art, mit Niederlagen umzugehen: Er ignoriert sie einfach. Als sich Hamburg um die Austragung der olympischen Sommerspiele 2024 bewarb und ein Volksentscheid die Initiative zu Fall brachte, verlas Scholz ein kurzes Statement (»Das Abstimmungsergebnis kann und muss man akzeptieren«) und machte dann weiter, als wäre nichts gewesen. Psychologen haben herausgefunden, warum manche Menschen besser mit Niederlagen umgehen können als andere. Statt zu grübeln, stellen sie negative Gedanken schnell ein und suchen die Schuld eher bei anderen als bei sich selbst. Scholz ist ein Meister in dieser Disziplin. Und so arbeitet er auch jetzt bereits an seinem Wiederaufstieg: der Operation Kanzleramt.

Die Wurzeln dieser Operation reichen ins Jahr 2016 zurück. Damals sucht Parteichef Sigmar Gabriel einen Kanzlerkandidaten für die Bundestagswahl. Scholz – damals noch Bürgermeister in Hamburg – ist interessiert. Er weiß, dass er in den Umfragen gut dasteht. Dass er Kanzler kann, steht für ihn ohnehin außer Frage. Er weiß allerdings auch, dass er in der Partei nicht populär ist. Sigmar Gabriel trifft als Parteichef die Entscheidung. Statt Scholz wird Martin Schulz Kandidat. Der erlebt bei der Wahl ein historisches Fiasko. Nur 20,5 Prozent der

Deutschen stimmen für die SPD. Der schlechteste Wert aller Zeiten. Scholz hat Schulz immer für den falschen Kandidaten gehalten. Martin Schulz war vor allem Europapolitiker, zuletzt Präsident des Europäischen Parlaments. Er hat sich erst kurz vor der Bundestagswahl entschieden, in die deutsche Politik zurückzukehren. Und ist dort in Wahrheit nie richtig angekommen. Nach dem Wahldebakel scheint für die SPD der Weg in die Opposition vorgezeichnet. In der Partei wünschen sich das viele. Sie glauben, dass sich nur so das Profil der Partei schärfen lässt. Der Anführer dieser Bewegung ist Kevin Kühnert. Damals gerade 28 Jahre alt und soeben zum Chef der Jusos gewählt. Kühnert gilt als Ausnahmetalent und Hoffnungsträger der Sozialdemokraten. Er will die Partei inhaltlich erneuern, und das heißt für ihn: nach links rücken, vor allem in der Wirtschaftspolitik. Ein Symbol dafür ist die Wiedereinführung der Vermögenssteuer, die Kühnert fordert. Aber in Berlin überschlagen sich die Ereignisse. Nach der Wahl treten Union, Grüne und FDP in Koalitionsgespräche ein, das Land bereitet sich auf ein sogenanntes Jamaika-Bündnis vor. Doch dann lässt die FDP die Verhandlungen platzen. Nun ist die SPD wieder im Spiel. Sie muss eine Entscheidung herbeiführen: Neuwahlen oder eine Fortsetzung der Großen Koalition mit CDU und CSU.

Scholz ist zunächst auch für Neuwahlen. Sein Kalkül: Er würde als Kandidat antreten und Angela Merkel schlagen. In den Tagen nach der Wahl kommt er aber zu der Überzeugung, dass es für die SPD tödlich wäre, wenn sie sich Koalitionsgesprächen verweigerte. Sie würde mit dem Vorwurf konfrontiert werden, ihre staatspolitische Verantwortung nicht wahrgenommen zu haben. Es ist schließlich in der Geschichte der Republik noch nie vorgekommen, dass nach Wahlen keine Regierung gebildet werden konnte. Außerdem glaubt Scholz nicht, dass sich die SPD nur in der Opposition erholen kann. Das sei auch in der Regierung möglich. Wenn man gut regiert. Nach einer langen Debatte stimmen die Delegierten auf einem Sonderparteitag in Bonn im Januar 2018 für die Aufnahme von Koalitionsverhandlungen. Scholz selbst ist für die Themen Wirtschaft und Finanzen zuständig. Dabei gelingt ihm ein taktischer Coup: Die teilweise Abschaffung des Solidaritätszuschlags. Hintergrund: Der Soli ist ein Zuschlag auf die Einkommenssteuer in Höhe von 5,5 Prozent der Steuerschuld. Er wurde im Jahr 1991 eingeführt, um die deutsche Einheit zu finanzieren. Die Union will ihn abschaffen, schließlich sei die Einheit vollzogen. Das Problem: Das kostet viel Geld, ungefähr 21 Milliarden Euro im Jahr. Dieses Geld würde fehlen für andere Aufgaben wie den Bau von Schulen oder Straßen. Scholz setzt durch, dass der Zuschlag nur für die unteren 90 Prozent der Steuerzahler gestrichen wird. Arbeitnehmer und Selbständige mit einem sehr hohen Einkommen dagegen müssen ihn weiter bezahlen. Die Union stimmt zu, verspricht aber, auch die restlichen 10 Prozent der Steuerzahler zu entlasten, wenn sich die Gelegenheit dazu ergibt. Noch heute kann man es im Umfeld von Olaf Scholz kaum fassen, dass sich CDU und CSU auf diesen Deal eingelassen haben. Denn wenn der Soli für Normalverdiener bereits abgeschafft ist, dann werden durch die Komplettabschaffung des Steuerzuschlags faktisch nur noch die Spitzenverdiener bessergestellt. Die Union fordert also auf einmal ein Steuergeschenk für die Reichen.

Im Bundestagswahlkampf schnappt die Falle zu. Scholz lässt keine Gelegenheit aus, um vor einer solchen »Steuersenkung für Millionäre« zu warnen, die die Union plane. Und das mitten in einer der schwersten Krisen der Nachkriegszeit. Als das parteiunabhängige Zentrum für Europäische Wirtschaftsforschung

(ZEW) in Mannheim die finanziellen Auswirkungen der unterschiedlichen Programme vergleicht, ist Scholz am Ziel. Die Berechnungen ergeben: Wenn die Pläne von SPD, Grünen und Linken umgesetzt würden, dann würde die Ungleichheit der Einkommen in Deutschland zurück gehen. Kommen Union und FDP zum Zuge, würde sie steigen. In den Worten des Instituts: »Wir beobachten bei der Verteilungspolitik einen Lagerwahlkampf. Die Parteien haben sich eindeutig entschieden, wo sie stehen.« Für Scholz könnte es besser nicht laufen. Es kann sich nun als Kämpfer für mehr soziale Gerechtigkeit inszenieren und muss dafür nicht einmal viel tun.

Auch sonst lässt sich der neue Job für Scholz gut an. Seine erste große Auslandsreise als Finanzminister führt ihn im März 2018 nach Buenos Aires, wo sich die Finanzminister und Notenbankgouverneure der großen Industrienationen und Schwellenländer treffen. Es ist auf solchen Auslandsreisen üblich, dass sich Politiker nach dem Ende ihrer Sitzungen mit den Mitgliedern ihrer Delegation und anwesenden Journalisten in einer Hotelbar treffen, um über den Stand der Gespräche zu berichten. Als Peer Steinbrück Finanzminister war, gingen solche Abende oft bis in die frühen Morgenstunden. Steinbrück trank Gin Tonic und erzählte von seinen finanzpolitischen Heldentaten in den Konferenzräumen dieser Welt. Selbst Wolfgang Schäuble machte manchmal die Nacht zum Tag, wenn er in Washington, Lima oder Bangkok unterwegs war. Scholz hingegen trinkt bei solchen Gelegenheiten in der Regel ein oder zwei Gläser Wein und geht dann irgendwann ins Bett, dann übernehmen andere.

Eine der wichtigsten Währungen in der Politik ist die Traube. Trauben bilden sich, wenn Politiker sich unter Menschen begeben. Je größer die Traube, desto interessanter der Politiker. Wenn man mit Scholz unterwegs ist, dann sind die Trauben um seine

Mitarbeiter oft größer als die Traube um ihn selbst. Scholz erweckt aber nie den Eindruck, als würde ihn das stören. Er arbeitet einfach weiter an seinem Plan. Im Flugzeug zurück nach Berlin lässt er erstmals erkennen, wie er sich seine Zukunft vorstellt. Er ist davon überzeugt, dass er trotz der schlechten Umfragewerte für die SPD nicht nur Kanzler werden kann, sondern es sozusagen auf ihn zuläuft. Sein Argument beruht auf zwei Annahmen: Erstens: Die Wahl 2021 unterscheidet sich grundsätzlich von den vorherigen Wahlen, weil mit dem Rückzug von Angela Merkel die Amtsinhaberin nicht mehr antritt. Dann wäre er unter allen Mitbewerbern derjenige mit der größten politischen Erfahrung. Er gehört zu den beliebtesten Politikern des Landes und hat als Finanzminister regelmäßig mit den Regierungen von Donald Trump oder Wladimir Putin zu tun. Die Wähler schätzen Kandidaten, die den Eindruck vermitteln, man könne sich in einer unübersichtlichen Weltlage auf sie verlassen. Zweitens: Die Zeit, in der zwei oder mehr große Volksparteien die Politik dominieren, geht auch in Deutschland zu Ende. Es wird abgelöst von einer Ära, in der mehrere kleine und mittelgroße Parteien um Macht und Einfluss ringen. Politikwissenschaftler sprechen von einer *dutchification* des politischen Systems, weil der Prozess in den Niederlanden besonders weit fortgeschritten ist. Dort haben es bei den Parlamentswahlen im März 2021 bereits 17 Parteien in die Volksvertretung geschafft. Unter diesen Voraussetzungen muss eine Partei in Deutschland nicht mehr wie früher einen Stimmenanteil von 30 Prozent und mehr erringen, um stärkste politische Kraft zu werden und damit den Anspruch auf das Kanzleramt zu erheben. Es reichen womöglich auch 20 bis 25 Prozent, und das sei für die SPD nicht unrealistisch, so Scholz. Er hat diese Geschichte immer wieder erzählt, es hat ihm niemand geglaubt. Bis zur Wahl.

Doch Scholz weiß auch: Nachfolger von Angela Merkel kann er nur werden, wenn er auch seine Partei hinter sich bringt. Das erweist sich als wesentlich schwieriger als gedacht. Dabei ist er längst dabei, weitere Korrekturen an der ungeliebten Agendapolitik vorzunehmen. Eine Schlüsselrolle spielt dabei ein Konzeptpapier, das die damalige SPD-Vorsitzende Andrea Nahles im Februar 2019 ausgearbeitet hat. Demnach soll Hartz IV durch ein neues Bürgergeld ersetzt werden. Das bedeutet konkret: Wer Grundsicherung bezieht, muss in den ersten zwei Jahren nicht mehr sein eigenes Vermögen aufbrauchen, um Anspruch auf staatliche Leistungen zu haben. Damit wird ein wesentliches Element der Reformen von Gerhard Schröder revidiert. Deren Grundsatz lautete, dass sich jeder erst einmal selbst helfen muss, bevor die Gemeinschaft einspringt. In der Theorie mag das gut klingen, in der Praxis führte diese Regelung aber in vielen Fällen faktisch zur Enteignung von Langzeitarbeitslosen, die möglicherweise viele Jahre gearbeitet und etwas Geld angespart hatten. Auch die Bezugsdauer des regulären Arbeitslosengelds soll nach den Vorstellungen von Nahles verlängert werden – auf bis zu 33 Monate. Erst dann müsste ein Arbeitsloser in die Grundsicherung wechseln. Die Parteiführung nimmt das 15 Seiten umfassende Papier nach monatelangen Beratungen bei einer Vorstandsklausur am 10. Februar 2019 einstimmig an. Auch Scholz ist dafür. Der immer schnellere Wandel der Arbeitswelt durch technischen Fortschritt und Globalisierung dürfe nicht mit weniger Sicherheit einhergehen, begründet er seine Entscheidung. Das Bürgergeld schafft es in den Koalitionsvertrag der Ampel. Dort ist unter anderem festgelegt, dass es, ähnlich wie von Nahles vorgeschlagen, in den ersten zwei Bezugsjahren gewährt wird, ohne dass die eigenen Ersparnisse angetastet werden müssen. Außerdem werden die

Zuverdienstgrenzen erhöht, wer Grundsicherung erhält und zugleich arbeitet, darf also mehr Geld als bisher behalten, ohne dass Leistungen gekürzt werden. Und schließlich sollen verschiedene Sozialleistungen zu einer eigenständigen Kindergrundsicherung zusammengefasst werden. Die Details müssen allerdings erst noch in einem neuen Gesetz festgelegt werden.

Zunächst reichen den parteiinternen Rivalen von Olaf Scholz dessen Zugeständnisse allerdings nicht aus. Sie haben ein neues Ziel identifiziert: die Schuldenbremse im Grundgesetz. Sie begrenzt den Spielraum der staatlichen Kreditaufnahme und wurde unter Steinbrück eingeführt. In der SPD erwarten viele, dass Scholz einen Kurswechsel einleitet in der deutschen Finanzpolitik: investieren statt sparen. Solidarität statt Egoismus. Dazu habe man sich das Finanzministerium gesichert. Doch Scholz erklärt in einem seiner ersten Interviews nach seinem Amtsantritt, dass er eine Reform der Schuldenbremse für unnötig hält und ein deutscher Finanzminister in erster Linie ein deutscher Finanzminister sei, also nicht einfach so Geld verteilen könne. Es gibt eine Szene, die in einer Fernsehdokumentation über Kevin Kühnert zu sehen ist und die viel über die damaligen Kräfteverhältnisse in der SPD aussagt. Ein Autorenteam des NDR hat Kühnert drei Jahre lang begleitet, auch als er von Scholz' Niederlage bei der Wahl zum Parteivorsitz erfährt. »Wir sind durch«, sagt Kühnert, lacht und umarmt seine Mitarbeiter. Für den linken Parteiflügel ist klar: Scholz ist ein Mann von gestern, die Zukunft gehört Saskia Esken, Norbert Walter-Borjans – und Kevin Kühnert. Es sieht so aus, als müsse Scholz die Operation Kanzleramt abblasen.

Doch dann kommt alles anders. Am 31. Dezember 2019 um 10.31 Uhr setzt die Deutsche Presseagentur folgende Meldung ab:

> Eine mysteriöse Lungenkrankheit ist in der zentralchinesischen Metropole Wuhan ausgebrochen. Bislang seien 27 Erkrankte identifiziert worden, berichtete die Gesundheitskommission der Stadt. Die Gesundheitskommission berichtete, viele der Infektionen könnten auf den Besuch des Huanan-Fischmarktes von Wuhan zurückgeführt werden. Die Erkrankten seien in Quarantäne untergebracht worden. Sieben seien in einem ernsten Zustand. Die anderen Fälle seien stabil. Die Symptome seien vor allem Fieber. Wenige Patienten hätten Probleme mit der Atmung.

Wenige Wochen später werden in China die ersten Großstädte abgeriegelt. Dann geht es Schlag auf Schlag. Am 27. Januar wird der erste Coronafall in Deutschland gemeldet, ein Mitarbeiter der Autozuliefererfirma Webasto hat sich bei einer chinesischen Kollegin aus Schanghai angesteckt. Am 9. März stirbt der erste Deutsche an der Krankheit. Am 22. März wird erstmals ein umfassender Lockdown verhängt. Scholz erkennt schnell, welche enormen wirtschaftlichen Schäden die staatlichen Eindämmungsmaßnahmen verursachen werden. Es beginnt die wahrscheinlich größte wirtschaftspolitische Rettungsaktion der Nachkriegsgeschichte. Die ganze Regierung ist damit befasst, doch die Fäden laufen im Ministerbüro von Olaf Scholz zusammen. Scholz selbst gibt intern die Devise aus: klotzen, nicht kleckern. Wieder erklärt er in einem Interview mit der ZEIT, was damit gemeint ist: »Ich habe allen Kolleginnen und Kollegen gesagt: Wenn jetzt irgendwo Geld fehlt, dann stellen wir dieses Geld bereit. Wer genau die Rechnung bezahlt, das entscheiden wir dann hinterher.« Es sind bemerkenswerte Sätze für einen deutschen Finanzminister, denn die Vorgänger von Olaf Scholz verstanden sich oftmals als oberste Sparkommissare des Landes. Und auch Scholz hat ja zunächst an die Pflichten eines deutschen Finanzministers erinnert. Doch in der Krise schaltet er blitzschnell um. Hinter den Kulissen basteln seine Leute schon im Februar 2020 an neuen Konjunkturpaketen. Am 13. März 2020 – neun Tage bevor der erste harte Lockdown in Kraft tritt – stellt Scholz seinen Plan zusammen mit Wirtschaftsminister Peter Altmaier in der Bundespressekonferenz in Berlin vor. Die Hauptstadtkorrespondenten sind überrascht von dem, was sie zu hören bekommen. Scholz kündigt an, Hilfskredite für angeschlagene Unternehmen bereitzustellen. Und zwar in unbegrenzter Höhe. Er wählt dabei für seine Verhältnisse eine geradezu martialische Formulierung: »Das ist die Bazooka, mit der wir das Notwendige jetzt tun.« Es ist eine klare Anlehnung an einen Satz, den Mario Draghi, der frühere Präsident der Europäischen Zentralbank, auf dem Höhepunkt der europäischen Währungskrise im Jahr 2012 ausgesprochen hat und der in die Wirtschaftsgeschichte eingegangen ist. Draghi sagte damals, die Notenbank werde »alles tun, was nötig ist«, um den Euro zu erhalten. Seine Ankündigung gilt heute als Wendepunkt im Kampf um die Währungsunion, sie hat dazu beigetragen, dass sich die Lage an den nervösen Finanzmärkten wieder beruhigte und die Krise überwunden werden konnte.

Scholz braucht allerdings einen zweiten Anlauf. Schnell wird klar, dass Kredite nicht ausreichen, um die Krise zu überwinden. Im Finanzministerium wird bereits die nächste Eskalationsstufe vorbereitet. Im Juni 2020 verkündet Scholz nach umfangreichen Abstimmungsrunden innerhalb der großen Koalition ein Konjunkturprogramm mit einem Volumen von 130 Milliarden Euro. Die wichtigsten Bestandteile: öffentliche Investitionen etwa in die Elektromobilität, ein Kinderbonus für Familien, eine zeitweise Absenkung der Mehrwertsteuer von 19 auf 16 Prozent. Dazu verschiedene Hilfsprogramme für von der Krise betroffene Unternehmen. Diesmal spricht Scholz nicht von einer »Bazooka«, sondern von einem »Wumms«, den man zustande gebracht habe. Der hat seinen Preis: Die deutsche Staatsschuldenquote steigt von 59 Prozent der Wirtschaftsleistung im 2019 auf 69 Prozent des Bruttoinlandsprodukts im Jahr 2020. Die Schuldenbremse in der Verfassung wird ausgesetzt, der europäische Stabilitätspakt ebenfalls. Insgesamt belaufen sich die Kosten der Pandemie für die öffentlichen Kassen nach Berechnungen des Finanzministeriums auf knapp 1,5 Billionen Euro allein in den Jahren 2020 und 2021. Das ist eine Zahl mit zwölf Nullen und entspricht mehr als der gesamten jährlichen Wirtschaftsleistung der Niederlande. In dem Betrag enthalten sind zum Beispiel Ausgaben für die Beschaffung von medizinischem Material und Impfstoffen, für Konjunkturprogramme wie das Kurzarbeitergeld sowie Kreditgarantien.

Doch das Kalkül geht auf. Die Wirtschaft stabilisiert sich dank der massiven staatlichen Unterstützung bald wieder. Aus heutiger Sicht erscheint das fast wie eine Selbstverständlichkeit, so wie nach dem Regen immer wieder die Sonne scheint. Aber es hätte auch ganz anders kommen können. Als sich das Virus in der Welt verbreitet und ein Land nach dem anderen in den Lockdown geht, droht eine wirtschaftliche Katastrophe. Die Autohersteller stoppen die Produktion, Frachtschiffe können nicht mehr auslaufen, in den großen Häfen stapeln sich die Container, der Flugverkehr wird weit gehend eingestellt, an den internationalen Finanzmärkten macht sich Panik breit. Experten warnen vor Massenarbeitslosigkeit und einer Pleitewelle. Nichts davon tritt ein. Die Zahl der Arbeitslosen nimmt zwar zu, aber der Anstieg fällt weniger dramatisch aus als befürchtet. Im Durchschnitt des Jahres 2021 betrug die Arbeitslosenquote 5,7 Prozent. Das ist historisch betrachtet kein besonders hoher Wert – vor allem angesichts einer der größten Gesundheitskrisen der Nachkriegsgeschichte. Allein das Kurzarbeitergeld hat Studien zufolge 2,2 Millionen Jobs gesichert. Wie in der Finanzkrise erfährt Scholz für seine Politik Zustimmung aus dem Ausland. Der Internationale Währungsfonds in Washington lobt die Krisenpolitik der Bundesregierung ausdrücklich. Deutschland habe sich besser geschlagen als die meisten anderen europäischen Staaten, schreibt der Fonds. Das Land habe seine finanziellen Möglichkeiten in der Krise gut genutzt.

Was für die persönlichen Karrierepläne von Olaf Scholz noch wichtiger ist: Mit seinem Kurswechsel in der Finanzpolitik nimmt er auch die neuen Vorsitzenden für sich ein. Im persönlichen Umgang mit Esken und Walter-Borjans folgt er dem Leitsatz: Wer seine Gegner nicht besiegen kann, muss sie umarmen. Er stimmt sich eng mit dem neuen Führungsduo ab und vermeidet Kritik, auch wenn er mit den beiden nach wie vor nicht in allen Punkten einer Meinung ist. In einer Partei, in der das Lästern zum guten Ton gehört, ist das nicht selbstverständlich. Aber es funktioniert. Esken und Walter-Borjans sind bereit, Scholz zum Kandidaten auszurufen. Das Filmteam des NDR ist auch dabei, als sich das Präsidium der Partei am 10. August 2020 am Telefon zusammenschaltet, um eine offizielle Entscheidung in der Sache zu treffen. Esken verkündet, dass die SPD mit Scholz an der Spitze in den Wahlkampf ziehen wolle. Kühnert ist überrascht. Er wendet ein, dass dies nicht überall in der Partei auf Begeisterung stoßen werde. Er werde sich bemühen, aber das sei schon ein »kleines Brett«, das man ihm da hingeworfen habe. Esken sagt dazu nichts. Dann fragt sie nach Gegenstimmungen und Enthaltungen. Kühnert reagiert nicht. Der Beschluss gilt als einstimmig gefasst. Kühnert arrangiert sich schnell mit der neuen Realität. Die SPD habe in den vergangenen Jahren unter Scholz' Mitwirkung viele umstrittene Positionen geräumt, sagt er. Deshalb könne man »diesen Weg so jetzt gemeinsam gehen«. Auch Esken gibt eine Stellungname ab. »Olaf hat den Kanzler-Wumms«, schreibt sie auf Twitter. »Wir freuen uns auf einen großartigen und erfolgreichen Wahlkampf.«

Die frühe Festlegung auf den Kandidaten ist unter den Wahlkampfstrategen der Partei nicht unumstritten. Bis zur Wahl ist es schließlich noch über ein Jahr. Es besteht die Gefahr, dass die Leute bis zum Urnengang vergessen haben, wer eigentlich für die SPD antritt. Union und Grüne präsentieren ihre Kandidaten erst im Frühjahr 2021. Und tatsächlich konzentriert sich die Berichterstattung in den ersten Wahlkampfwochen auf das Duell zwischen Armin Laschet und Annalena Baerbock. Scholz spielt keine Rolle. Doch die SPD hat einen entscheidenden Vorteil: Sie kann in aller Ruhe ihre Kernbotschaften für den Wahlkampf herausarbeiten. 400 000 Wohnungen im Jahr, 12 Euro Mindestlohn, eine Gesellschaft des Respekts. In der Union dagegen liefern sich Markus Söder und Armin Laschet in der Kandidatenfrage einen zermürbenden Zweikampf. Als klar wird, dass es Laschet werden würde, hat die Republik sich an ihm bereits sattgesehen. Es folgt ein Wahlkampf, in dem sich Panne an Panne reiht. Sein Auftritt bei der Unwetterkatastrophe in Nordrhein-Westfalen, als er während der Rede des Bundespräsidenten in Lachen ausbricht und jemand die Szene in einem Video festhält, das sich rasend schnell im Internet verbreitet. Sein Patzer, als er von einer Reporterin gefragt wird, welche drei Dinge er als Bundeskanzler zuerst erledigen werde, und ihm nur zwei einfallen. Während die SPD ihren Wahlkampf ganz an Scholz ausrichtet, gelingt es Laschet nie, seine Partei hinter sich zu bringen. Vor allem die Störfeuer aus München, wo Söder über seine Niederlage nicht hinwegkommt, reißen nicht ab. Auch bei den Grünen läuft es alles andere als ideal. In der SPD fürchtet man sich vor allem vor Robert Habeck. Er war schon einmal Minister in Schleswig-Holstein. Außerdem ist er über das grüne Kernklientel hinaus populär. Als Annalena Baerbock zur Kandidatin ausgerufen wird, reagiert man im Umfeld von Scholz erleichtert. Sie hat keinerlei Regierungserfahrung, weshalb die Strategen in der SPD glauben, dass Scholz seine Kompetenz gegen Baerbock leichter ausspielen kann als gegen Habeck. Als sie sich auch noch mit Plagiatsvorwürfen konfrontiert sieht und mit ihren inhaltlichen Punkten kaum noch durchdringt, gehen die Zustimmungswerte für die Grünen nach unten. Während also um ihn herum die Wahlkämpfe implodieren, gibt Scholz den Bundes-Olaf, reist zu internationalen Konferenzen, besucht Verbündete. In den Umfragen kann seine Partei davon aber zunächst noch nicht profitieren. Noch im Juli liegt die CDU laut Infratest Dimap bei 28 Prozent, die Grünen bei 20 Prozent und die SPD bei 15 Prozent. Olaf Scholz selbst ist allerdings nach wie vor populär. Und er glaubt fest daran, dass sich das auch in höheren Zustimmungswerten für seine Partei niederschlagen wird, wenn der Wahltermin näher rückt. Denn erst dann würden sich die Wähler ernsthaft die Frage stellen, wen sie im Kanzleramt sehen wollen. So kommt es dann auch. Am 24. August veröffentlicht das erste Forschungsinstitut – Forsa – eine Umfrage, in der die SPD vor der Union liegt. In der Hauptstadtpresse wird das noch als Versuch der Meinungsforscher gewertet, in die Schlagzeilen zu kommen. Doch schon bald ziehen die anderen Meinungsforschungsinstitute nach, und auf einmal geht Olaf Scholz als Favorit in die Wahl.

Eigentlich strebt Scholz eine rot-grüne Koalition an. Er wolle »gerne mit den Grünen zusammen regieren«, sagt er Wochen vor der Wahl dem *Tagesspiegel*. Er habe in verschiedenen Regierungen schon mit den Grünen zusammengearbeitet. Die Öko-Partei ist nicht abgeneigt, für Grünen-Chef Robert Habeck ist eine solche Zusammenarbeit ein Bündnis »aus einem Guss«. Scholz und Habeck kennen sich aus der Zeit, als Habeck Minister in Schleswig-Holstein war und Scholz Bürgermeister in Hamburg. Tatsächlich sind die programmatischen Überschneidungen zwischen den beiden Parteien groß, vor allem in der Wirtschaftspolitik und der Sozialpolitik. Wie die SPD fordern die Grünen höhere Steuern für Spitzenverdiener und eine Entlastung der Menschen mit kleinem und mittlerem Einkommen. Würden die beiden Parteien zusammengehen, dann wäre das auch eine Korrektur der gemeinsamen Politik unter Gerhard Schröder. Damals glaubten die Koalitionspartner, den Gegensatz von Arbeit und Kapital in einem dritten Weg auflösen zu können. Heute geht es ihnen eher darum, wieder ein wenig deutlich zu machen, dass es diesen Gegensatz immer noch gibt.

Scholz ist aber auch klar: Die Wahrscheinlichkeit ist nicht sehr groß, dass SPD und Grüne genug Wählerstimmen auf sich vereinen. Der Rest ist Mathematik. Eine neue große Koalition unter der Führung der Union ist ausgeschlossen, das würde die Basis der SPD nicht mehr mitmachen, und Scholz selbst hat darauf ebenfalls keine Lust. Wenn es für Union und FDP reicht, werden die beiden Parteien zusammen regieren. Doch wenn nicht – so glaubt man zumindest damals schon in der SPD – ist Scholz eigentlich als Kanzler durch, sofern er vor oder nicht deutlich hinter Armin Laschet liegt. Denn für Annalena Baerbock und Robert Habeck wäre es sehr schwer, eine Koalition mit einer konservativen Partei einzugehen, wenn mit den Sozialdemokraten ein Koalitionspartner zur Verfügung steht, der den Grünen ideologisch sehr viel näher steht. Und die FDP will vor allem eines: regieren. Notfalls auch mit der SPD. Deshalb glaubt Scholz nicht an Jamaika. Das anhaltende Chaos in der Union nach der Wahlniederlage trägt dazu bei, dass die Verhandlungen über eine schwarz-grün-gelbe Koalition schnell beendet werden. Als nach einer ersten Sondierungsrunde von FDP, Grünen und Union inhaltliche Details in den Zeitungen zu lesen ist, schreibt Johannes Vogel von der FDP auf Twitter: »Es gab vergangenes Wochenende drei Sondierungsgespräche, an denen ich für die FDP auch teilgenommen habe. Aus zweien liest und hört man nix. Aus einem werden angebliche Gesprächsinhalte an die Medien durchgestochen. Das fällt auf, liebe Union – und es nervt.« Und Michael Kellner, Generalsekretär der Grünen, formuliert es exakt genauso: »Es gab in den letzten Tagen vier Sondierungsgespräche. Aus zweien liest und hört man nix. Aus zweien werden angebliche Gesprächsinhalte an die Medien durchgestochen. Das fällt auf, liebe Union – und es nervt!«

Als die Ampelpartner mit ihren Sondierungsgesprächen beginnen, wird in Berlin vielfach mit langen und komplizierten Verhandlungen gerechnet. Diese ziehen sich aber weder besonders lang hin, noch sind sie wahnsinnig kompliziert, vom üblichen Gerangel um Posten und Pöstchen einmal abgehen. Dabei kommt vor allem die FDP gut weg. Parteichef Christian Lindner weiß: Um die Liberalen in eine Koalition zu zwingen, muss Scholz ihm etwas bieten. Konkret: das Bundesfinanzministerium, das auch Habeck gerne hätte. Genauso kommt es dann auch. Scholz wird Kanzler, Habeck Wirtschaftsminister und Lindner der erste FDP-Finanzminister seit Rolf Dahlgrün, der das Amt von 1962 bis 1966 innehatte – vor über einem halben Jahrhundert also. Zu den Überraschungen der ersten Regierungswochen gehört zudem, dass so etwas wie eine gemeinsame Handschrift der Ampel bereits sichtbar geworden ist. Es ist vielleicht das klarste Anzeichen für den Beginn eines neuen Zeitalters, dass das nun von Lindner geführte Finanzministerium neue Schulden aufnimmt, um die Transformation der Wirtschaft hin zur Klimaneutralität zu finanzieren. Gegen den Widerstand der Union, die dagegen sogar vor dem Bundesverfassungsgericht klagen will. Und obwohl die FDP vor der Wahl immer vor neuen Schulden gewarnt hat. Dazu passt, dass Lindner nach den Koalitionsverhandlungen sagt, man habe Scholz »neu kennengelernt«, und Habeck die Führungsstärke des Kanzlers lobt.

Vielleicht ist übersehen worden, dass die drei Parteien trotz ihrer ideologischen Differenzen etwas gemeinsam haben: den Glauben daran, dass Fortschritt auch in einem postfossilen Zeitalter möglich ist. Die Ampelkoalitionäre erklären den alten Widerspruch zwischen Ökonomie und Ökologie praktisch für aufgehoben und den Klimaschutz zum Wachstumsprogramm für die deutsche Wirtschaft, von dem alle profitieren sollen. Gerade für die FDP ist das Bündnis damit auch ein Vehikel für die Modernisierung der eigenen Partei, die als bürgerliche Kraft langfristig den Platz der Union einnehmen soll. Der politische Charme der neuen Koalition liegt somit darin, dass sie zu einer Koalition einer progressiven Mitte werden könnte, die die anstehenden Veränderungen in Angriff nimmt. Das zeigt sich am deutlichsten in der Gesellschaftspolitik. Für die Ampel bedeute Familie, dass »Menschen Verantwortung füreinander übernehmen«, wie es im Koalitionsvertrag heißt. Das dürfte der Lebenswelt im 21. Jahrhundert näher kommen als die bisherige Verengung des Familienbegriffs auf die Konstellation Vater, Mutter, Kind. Überdies soll der Paragraphen 219a im Strafgesetzbuch gestrichen werden. Er regelte bislang, dass Schwangerschaftsabbrüche nicht beworben werden dürfen. Das führte praktisch zu einem Informationsverbot über Schwangerschaftsabbrüche, Ärztinnen durften etwa auf ihren Websites keine Informationen zu dem Thema bereitstellen. Es gibt zudem erstmals in der Geschichte der Republik einen Beauftragten für die Akzeptanz sexueller und geschlechtlicher Vielfalt. Und auch das soll nicht unerwähnt bleiben: Die neue Regierung einigt sich darauf, den Konsum von Cannabis zu legalisieren. Das bedeutet nicht, dass es in der Koalition keine Reibereien geben wird. Die gibt es in Koalitionen immer. Und in der Frage des Umgangs mit Russland sind Sozialdemokraten und Grüne bereits aneinandergeraten. Aber es ist eben auch nicht völlig ausgeschlossen, dass die Sache hält. Und möglicherweise länger als vier Jahre.

Im Jahr 2014 ist in der ZEIT ein Interview mit Lindner, Scholz und Anton Hofreiter von den Grünen erschienen. Es geht um den Wesenskern des Liberalismus, den Umgang mit den Daten der Bürger und den Klimawandel. Am Ende des Gesprächs werden die drei gefragt, welche Farbe bei einer Verkehrsampel die wichtigste sei. Lindner sagt, im Straßenverkehr sei natürlich Grün die wichtigste Farbe, weil es dann vorwärtsgehe. In der Politik hingegen sei es genau andersrum. Wo Grün regiere, gehe es oft gar nicht mehr weiter. Hofreiter sagt, Fußgängerampeln hätten nur Rot und Grün, es gehe also auch ganz ohne Gelb. Scholz sagt den folgenden Satz: »Ich finde, bei der Verkehrsampel sind alle drei Farben wichtig.«

5 Partei

Eine Geschichte aus dem Wahlkampf geht so: Olaf Scholz sei zwar der Kanzlerkandidat, aber in Wahrheit nur eine Marionette. Die Fäden in der Hand halte die Parteivorsitzende Saskia Esken. Der rechte Scholz sei gewissermaßen nur ein Werkzeug, mit dem die radikale Esken das Land umbauen werde. Damit das niemand mitbekomme, habe die SPD Esken versteckt. Sie gehe nicht mehr in Talkshows und trete auch sonst kaum auf. Das ging so weit, dass der Unionspolitiker und damalige Bundesgesundheitsminister Jens Spahn in der Sendung von *Anne Will* darüber spekulierte, woran es wohl liege, dass Esken eigentlich als Gast vorgesehen und nun nicht da sei (tatsächlich hatte sie an diesem Abend – an dem eines der drei Kandidatentrielle stattfand – einfach keine Lust, war aber dann ein paar Wochen später in der Sendung).

Tatsächlich kursierte in Berlin lange die These, dass der finanzpolitische Kurswechsel, der die Aussöhnung mit Esken und Walter-Borjans ermöglichte, nur eine Folgeerscheinung der Pandemie sei. Ohne Corona – so die These – hätte Scholz an der schwarzen Null festgehalten, genau wie sein Vorgänger Wolfgang Schäuble. Nach dieser Logik wäre er dann nicht Kanzlerkandidat geworden. Und auch nicht Kanzler. Der Wahlsieg von Olaf Scholz wäre sei historischer Zufall, eine Anomalie. Und die beiden Flügel der Partei würden bald wieder übereinander herfallen.

Die Wahrheit ist: Diese These lässt sich nicht beweisen, so wie sich auch die gegenteilige These nicht beweisen lässt. Es weiß ja niemand, was geschehen wäre, wenn das Virus damals nicht nach Deutschland gekommen wäre. Aber einiges deutet darauf hin, dass sich Scholz schon vor der Krise von den Spardogmen der Agendazeit emanzipierte. Eine seiner ersten Personalentscheidungen als Finanzminister ist hochumstritten. Er macht Jörg Kukies zum Staatssekretär. Kukies gehörte zu den einflussreichsten Bankern der Republik, bevor er nach Berlin wechselte. Er studierte in Paris und in Harvard, promovierte in Chicago und fing danach bei Goldman Sachs an, der amerikanischen Investmentbank, die für ihre undurchschaubaren Finanzprodukte ebenso berühmt ist wie für ihre exorbitanten Bonuszahlungen. Als Scholz Finanzminister wird, ruft er Kukies an und fragt ihn, ob dieser für ihn arbeiten wolle. Nach einem längeren Gespräch in der Hamburger Landesvertretung sagt Kukies zu, obwohl er auf seinem neuen Posten deutlich weniger verdienen wird. Die Aussicht, selbst Politik machen zu können, lockt ihn. Denn Kukies ist nicht nur ein mächtiger Banker, sondern auch überzeugter Sozialdemokrat. Er war in jungen Jahren bei den Jusos und hat gemeinsam mit Andrea Nahles gegen Helmut Kohl demonstriert. Seither schätzen und mögen sich die beiden.

Die Personalie sorgt trotzdem für viel Aufregung in Berlin. Ein Banker im Ministerium. Und noch dazu einer von Goldman Sachs. Die Grünen kritisieren die Entscheidung, die Linken ebenfalls und sogar einige Genossen. Scholz ist das egal. Er hat viel vor und braucht jemand, der die komplizierte Welt der internationalen Finanzmärkte nicht nur aus dem Hörsaal kennt. Kukies ist wegen seiner Fachkompetenz schon bald über Parteigrenzen hinweg angesehen. Was die Berufung zeigt:

Olaf Scholz umgibt sich gerne mit Leuten, die etwas bewegen wollen. Weil er selbst auch etwas bewegen will. Das eher konservative Finanzministerium hat Scholz auf diese Weise einen Ort verwandelt, an dem auch unorthodoxe Gedanken auf Gehör treffen. Er macht Jacob von Weizsäcker zum Leiter der einflussreichen Abteilung »Finanzpolitische und volkswirtschaftliche Grundsatzfragen«. Der Großneffe des früheren Bundespräsidenten war Abgeordneter im Europäischen Parlament und gilt als Erfinder der sogenannten Blue Card, die es hochqualifizierten Zuwanderern ermöglicht, in der Europäischen Union eine Arbeit aufzunehmen. Er holt Philippa Sigl-Glöckner in die Wilhelmstraße, eine ehemalige Weltbankökonomin. Sie leitet inzwischen in Berlin das einflussreiche Dezernat Zukunft, das nationale und internationale Finanzpolitik neu denken will. Auch Ole Funke ist einer der Neuzugänge. Der Europaexperte hat unter Frank-Walter Steinmeier im Außenministerium gearbeitet, Scholz macht ihn zum Referatsleiter für europäische Grundsatzfragen. Das Ministerbüro wird von Jeanette Schwamberger geleitet. Die Ökonomin war schon für Peer Steinbrück tätig und danach für das Bundestagsbüro von Altkanzler Helmut Schmidt verantwortlich. An die Spitze seines Planungsstabs setzt Scholz Benjamin »Benni« Mikfeld, einen ehemaligen Juso-Chef, der vorher für Andrea Nahles gearbeitet hat und über die großen strategischen Linien nachdenken soll. Sein Sprecher im Ministerium wird Steffen Hebestreit, Korrespondent bei der Frankfurter Rundschau und danach in der Hamburger Landesvertretung in Berlin. Gerhard Schröder hatte als Kanzler einen Kreis von Vertrauten um sich. Man nannte sie die *Frogs*, die *Friends of Gerd*. Frank-Walter Steinmeier gehörte dazu, Sigmar Gabriel, Franz Müntefering. Auch Scholz nimmt seine wichtigsten Mitstreiter mit ins Kanzleramt. Hebestreit ist

Regierungssprecher, Schwammberger leitet das Kanzlerbüro, Kukies ist Chefberater für Wirtschaftspolitik und europäische Angelegenheiten und damit der wichtigste Ansprechpartner für Unternehmenschefs und ausländische Regierungsvertreter.

Die zentrale Figur im Netzwerk von Olaf Scholz ist ein alter Bekannter aus Hamburger Tagen: Sein Kanzleramtschef Wolfgang Schmidt. Schmidt ist seit Jahrzehnten an Scholz' Seite. Die beiden kennen sich so gut, dass Schmidt manchmal schon weiß, was Olaf Scholz sagen wird, bevor der den Mund aufgemacht hat. Viele Spitzenpolitiker haben enge Berater, die sie auf ihrem Weg nach oben begleiten. Meist wirken diese Leute im Hintergrund. Im Fall von Wolfgang Schmidt ist das anders. Er scheut die Öffentlichkeit nicht, er sucht sie sogar. Dabei schießt er manchmal auch über das Ziel hinaus. Als die Staatsanwaltschaft Osnabrück wenige Tage vor der Bundestagswahl wegen des Verdachts auf Versäumnisse bei der Geldwäschebekämpfung das Bundesfinanzministerium durchsucht, kritisiert Schmidt, dass die Behörde den Eindruck erwecke, es werde gegen den Minister selbst ermittelt, obwohl das nicht der Fall sei. Das hat ihm selbst ein Verfahren bei der Staatsanwaltschaft eingebracht – wegen des Verdachts auf »verbotene Mitteilungen über Gerichtsverhandlungen«.

Tatsächlich hat Scholz mit der für die Bekämpfung der Geldwäsche zuständigen *Financial Intelligence Unit* nicht viel zu tun. Sie ist dem Zoll unterstellt, und der wiederum ist beim Bundesfinanzministerium angesiedelt. Der Minister hat aber kein Durchgriffsrecht. Und die Defizite der Behörde waren schon unter Wolfgang Schäuble ein Thema. Schäuble war es, der sie aus dem Bundeskriminalamt ausgliederte und in den Zoll eingliederte. Der Fall, in dem die Staatsanwaltschaft ermittelt, ereignete sich Juni 2018 – da hatte die SPD das Ministerium gerade übernommen. Aber Schmidt war nun auf einmal selbst Gegenstand der Berichterstattung. Sosehr sich die beiden ergänzen, so unterschiedlich sind sie. Scholz ist leise, Schmidt ist laut. Scholz denkt über alles ausgiebig nach, Schmidt drängt es zur Tat. Scholz lebt für die Politik, Schmidt interessiert sich für Fußball (St. Pauli), Musik und hat viel von der Welt gesehen. Schmidt und Scholz haben sich beide in Hamburg kennengelernt, als Schmidt bei einer Party in der Wohngemeinschaft von Scholz auftauchte. Schmidt hat Jura studiert und arbeitete dann an seiner Dissertation. Er hat ein gutes Examen in der Hand und will eigentlich Richter werden. Einige Zeit später treffen sich die beiden zufällig im Zug von Hamburg nach Berlin. Man versteht sich gut und vereinbart, in Kontakt zu bleiben. Wenig später meldet sich Scholz bei Schmidt und fragt, ob dieser für ihn arbeiten wolle. Er werde jetzt Generalsekretär in Berlin. Schmidt sagt zu. Richter könne er immer noch werden, denkt er sich. Das war ein Irrtum.

Im Finanzministerium wird Schmidt Staatssekretär und damit zu einer Schlüsselfigur in der Operation Kanzleramt. Er treibt zunächst den Umbau des eigenen Hauses voran. Eine kleine Episode aus dem Jahr 2019 zeigt, was sich unter Olaf Scholz in der Wilhelmstraße verändert hat. Scholz hat den Historiker Lutz Raphael zu einer Gesprächsrunde eingeladen. Thema: »Was hält unsere Gesellschaft in Zukunft zusammen?« Ebenfalls eingeladen ist der Arbeitskreis der kritischen Wirtschaftswissenschaftler und Wirtschaftswissenschaftlerinnen der Freien Universität Berlin – eine durchaus bunte Truppe, die »mögliche alternative Ansätze zur Gestaltung von Wirtschaft und Gesellschaft« ausloten will. So etwas wäre unter Wolfgang Schäuble schwer vorstellbar gewesen. Der sah seine Aufgabe vor allem darin, das Geld zusammenzuhalten, und war wegen seiner harten Linie während der Griechenlandkrise in den Ländern Südeuropas nicht sonderlich beliebt. Olaf Scholz weiß natürlich, dass ihm solche Gespräche zur damaligen Zeit parteiintern nützen. Er ist noch nicht Kanzlerkandidat und muss den linken Flügel für sich gewinnen. Aber für ihn spielen nicht nur taktische Erwägungen eine Rolle. Er ist an dieser Art des Austauschs wirklich interessiert. Und so hat er das dröge Finanzministerium ein kleines bisschen sexy gemacht.

Der frühere bayerische Ministerpräsident Franz-Josef Strauß soll einmal gesagt haben: »Es ist mir egal, wer unter mit Bundeskanzler wird.« An diesem Zitat ist korrekt, dass die Rolle des Apparats in der Politik oft unterschätzt wird. Wenn ein Kanzler oder ein Minister eine Entscheidung verkündete, dann wurde diese in aller Regel von sehr vielen Menschen vorbereitet, konzipiert, diskutiert. Es gibt allein im Bundesfinanzministerium elf Abteilungsleiter, 32 Unterabteilungsleiter, 178 Referatsleiter und noch mehr Referenten. Das Ministerium ist ein Koloss im Regierungsviertel: 56 000 Quadratmeter Nutzfläche, über 2100 Büroräume, vier Aufzüge, drei Paternoster. Die politische Bedeutung des Hauses entspricht der architektonischen. Wer das Finanzministerium kontrolliert, der kontrolliert das Geld. Der Haushalt wird zwar vom Parlament verabschiedet, aber die Beamten in der Wilhelmstraße stellen ihn auf. Sie sitzen in zahllosen internationalen und europäischen Gremien, die kaum jemand kennt, die aber dafür umso mächtiger sind. Der Wirtschafts- und Finanzausschuss in Brüssel ist eines davon. Er bereitet die Entscheidungen der europäischen Finanzminister vor und verfügt deshalb über erheblichen Einfluss, wenn zum Beispiel Rettungspakete für Krisenstaaten geschnürt werden müssen. Eine weitere Besonderheit des Ministeriums: Es verfügt als einziges Haus über sogenannte Spiegelreferate. Das sind spezielle Arbeitseinheiten, die die anderen Bundesministerien überwachen, so dass sich der Bundesfinanzminister einen Überblick darüber verschaffen kann, was in der Regierung so los ist. Das ist ein erheblicher Wettbewerbsvorteil, wenn es darum geht, eigene Initiativen zu platzieren. Unter Scholz werden neue Referate und Abteilungen gegründet. Es geht auch darum, Scholz nicht nur in der Finanzpolitik, sondern in allen Themenbereichen »sprechfähig« zu machen, wie man in der Politik sagt – ihn also mit den nötigen Informationen und Ideen versorgen. Er will schließlich nicht Minister bleiben, sondern Kanzler werden.

In der Coronazeit wird der Beraterkreis um eine in der Öffentlichkeit kaum bekannte Gruppe von Ökonomen erweitert. Sie sind an der Ausarbeitung der Krisenpolitik entscheidend beteiligt. Die Runde geht zurück auf ein Positionspapier, das am 11. März 2020 in Berlin vorgestellt wird. Darin sagen sieben einflussreiche Wirtschaftswissenschaftler voraus, dass die Pandemie katastrophale wirtschaftliche Folgen haben werde. Deshalb rufen sie die Regierung zu umfassenden Gegenmaßnahmen auf. Clemens Fuest vom Ifo-Institut in München gehört zu den Unterzeichnern, Gabriel Felbermayr vom Institut für Weltwirtschaft in Kiel, Michael Hüther vom arbeitgebernahen Institut der deutschen Wirtschaft, Sebastian Dullien vom gewerkschaftsnahen Institut für Makroökonomie und Konjunkturforschung (IMK). Nach der Präsentation der Empfehlungen in den Räumen der Bundespressekonferenz treffen sich die Forscher mit ein paar Regierungsleuten – darunter von Weizsäcker und Schmidt – in einem italienischen Restaurant gleich neben dem Ministerium. Man vereinbart, sich weiter auszutauschen, und erweitert den Teilnehmerkreis.

Es ist die Geburtsstunde einer neuartigen Zusammenarbeit von Politik und Wissenschaft. Einmal in der Woche schaltet sich die Runde während der Krise per Videokonferenz zusammen, um über die aktuelle Lage zu diskutieren. Die Staatssekretäre sind häufig dabei, manchmal auch Scholz selbst. Was diese Diskussionsrunden mit den Ökonomen für Scholz so wertvoll macht: Es geht vor allem um die Sache und nicht um weltanschauliche Grundsatzfragen. Das bringt ungewöhnliche Allianzen hervor. So setzten sich der Arbeitgeberökonom Hüther und der Gewerkschaftsforscher Dullien gemeinsam für das Kurzarbeitergeld ein, damit die Firmen nicht zu Entlassungen gezwungen werden. Die Zusammenkünfte haben eine interessante Folgeerscheinung: Sie verändern den Modus der ökonomischen Debatten in Deutschland. Denn weil die wichtigsten Wirtschaftsdenker nun jede Woche aufeinandertreffen, haben sie es sich angewöhnt, bei inhaltlichen Differenzen öfter einmal miteinander zu reden statt übereinander.

Die Gespräche mit den Ökonomen offenbaren ein weiteres Merkmal der Methode Scholz. Es ist ihm in solchen Situationen wichtig, alle Meinungen zu hören. Das zeigt sich auch nach seinem Einzug ins Kanzleramt. Als die Ampel nach Aufnahme der Amtsgeschäfte einen Corona-Expertenrat einberuft, legt Scholz Wert darauf, dass neben schon unter Merkel angesehenen Experten wie Christian Drosten und Melanie Brinkmann auch der Bonner Virologe Hendrik Streeck zu den Mitgliedern gehört. Streeck geriet mehrfach mit Drosten und auch mit Gesundheitsminister Karl Lauterbach aneinander, weil er die harten Lockdowns kritisierte, und lag mit seinen Prognosen nicht immer richtig (was aber durchaus auch für andere Experten gilt). Das ist aber nicht der einzige Unterschied. Scholz hat beim Thema Corona immer auf die Impfungen gesetzt.

Als noch kein Impfstoff zur Verfügung stand, war er für harte Kontaktbeschränkungen und hat diese auch verteidigt. Für ihn ist es deshalb nur folgerichtig, in der vierten Coronawelle im Herbst 2021 nicht gleich den nächsten Lockdown zu verhängen. Seine Regierung regelt auch den rechtlichen Rahmen der Pandemiebekämpfung neu. Auf dem Höhepunkt der Krise hatte der Bundestag das Vorliegen einer »epidemischen Lage von nationaler Tragweite« festgestellt. Das war die Grundlage für viele Schutzmaßnahmen und erlaubte auch weitreichende Eingriffe in das öffentliche Leben. Die Regelung lief aber am 25. November 2021 aus und wurde von der Ampel nicht verlängert. Seither ist es nicht mehr so leicht möglich, Schulen und Geschäfte zu schließen. Scholz wird für diese Entscheidung kritisiert, auch von prominenten Virologen. Man warf ihm vor, die Gefahr durch das Virus zu ignorieren und die Gesundheit der Bevölkerung zu gefährden – aus Rücksicht auf die FDP, die im Wahlkampf einen Kurswechsel in der Coronapolitik versprochen hatte. Doch Olaf Scholz lässt sich auch von der Überzeugung leiten, dass der Schlüssel zur Überwindung der Krise nicht in immer härteren Einschränkungen liegt, sondern im Impfen. Und da steht Deutschland zu diesem Zeitpunkt besser da als viele andere europäische Länder. Schließlich verursacht auch ein Lockdown soziale und ökonomische Kosten, weil zum Beispiel Schulschließungen vor allem Kinder aus Familien mit niedrigem Einkommen hart trifft. In der Villa mit Garten lernt es sich leichter als in einer engen Großstadtwohnung. Ein hochrangiger Mitarbeiter des Kanzlers formuliert das so: »Die Union hätte wahrscheinlich längst wieder alles dichtgemacht, das ist aber nicht unser Weg.« Stattdessen setzt sich Scholz im Dezember 2021 für eine allgemeine Impfpflicht ein – eine Maßnahme, die er im Wahlkampf noch abgelehnt hatte.

Bei der Ausgestaltung der Rettungsmaßnahmen im Frühjahr 2020 erweist sich die Ökonomenrunde für Scholz und seine Leute im Finanzministerium jedenfalls als äußerst hilfreich. Im März wächst in Teilen der Koalition die Sorge, dass der Bund wegen der steigenden Staatsschulden höhere Zinsen auf seine Kredite bezahlen muss. Kann sich das Land die Hilfsmaßnahmen also nicht mehr leisten? Die Wirtschaftsprofessoren Markus Brunnermeier und Martin Hellwig fertigen eine Kurzexpertise an, in der sie dieser Befürchtung entgegentreten. Ihr Argument: In einer Krise wollen Investoren ihr Geld in Sicherheit bringen und kaufen deshalb vermehrt die Anleihen von soliden Staaten wie Deutschland. Das wirke einem Anstieg der Zinsen entgegen. Die These überzeugt die Skeptiker – und tatsächlich kommt der Bund bislang trotz der höheren Schulden günstig an frisches Geld. Im Rest der Welt bleibt nicht unbemerkt, was in der Wilhelmstraße geschieht. Unter Scholz habe sich das deutsche Finanzministerium »von einem Hemmschuh in einen Motor des Wandels« verändert, schreiben der amerikanische Wirtschaftshistoriker Adam Tooze und der Wirtschaftsnobelpreisträger Joseph Stiglitz in der ZEIT. Scholz hat auch Tooze ins Ministerium eingeladen. Sie haben sich unterhalten, Scholz hat manchmal genickt und manchmal den Kopf geschüttelt. Denn auch das ist Teil seiner Methode. Er hört gerne zu, am Ende entscheidet er aber am liebsten alleine.

Vielleicht lässt sich die Frage, ob sich Scholz auch ohne Corona von der Sparpolitik verabschiedet hätte, so beantworten: Es wäre auf die Umstände angekommen. Für ihn war die schwarze Null nie Selbstzweck. Er ist davon überzeugt, dass mehr investiert werden muss, und wenn die Finanzierung dieser Investitionen ein Problem gewesen wäre, dann hätte er wahrscheinlich auch einen Weg gefunden, mehr Schulden aufzunehmen. Doch als er das Ministerium übernommen hat, war die Ursache für die Investitionsschwäche nicht ein Mangel an Geld. Oft wurden noch nicht einmal die vom Bund zur Verfügung gestellten Mittel abgerufen. Deshalb hielt es Scholz für wenig sinnvoll, eine Debatte über zusätzliche Schulden zu führen. Denn auch die sind für ihn kein Selbstzweck. Vielleicht ist dieser Begriff der Schlüssel zum Verständnis des ideologischen Werdegangs von Olaf Scholz. Er hat nicht deshalb an die Agenda geglaubt, weil er schon immer ein überzeugter Neoliberaler war. Sondern weil das Land damals tatsächlich ein Problem mit der Finanzierbarkeit seiner Sozialsysteme hatte und die neoliberalen Ökonomen eine Lösung bereitzuhalten schienen. Das Problem gibt es heute in dieser Form nicht mehr. Genauso wenig wie die neoliberalen Ökonomen. Dafür gibt es andere Probleme und andere Ökonomen.

Das Bild von Saskia Esken als heimlicher Herrin im Kanzleramt ist also auch deshalb so schief, weil Esken ebenso wenig radikal ist wie Scholz rechts. Die Geschichte seines Aufstiegs ist vielmehr auch die Geschichte einer Versöhnung der deutschen Sozialdemokratie mit sich selbst. In ihrem Programm für die Bundestagswahl fordert die SPD nicht nur die von Scholz schon lange befürwortete Anhebung des Mindestlohns, sondern auch die Wiedereinführung einer Vermögenssteuer, für die sich Kühnert einsetzte (auch wenn sich die Maßnahme wegen des Widerstands der FDP nicht im Koalitionsvertrag findet). Während der Talfahrt der SPD in den vergangenen Jahren ist in der Öffentlichkeit übersehen worden, dass die Genossen schon länger an einer programmatischen Neuaufstellung arbeiten. Eine wichtige Rolle spielte dabei die von Gesine Schwan geleitete Grundwertekommission, die sich vor allem mit den wirtschaftspolitischen Konfliktthemen auseinandersetzt. In einem

Positionspapier für den Wahlkampf spricht sich die Kommission beispielsweise dafür aus, nach der Coronakrise nicht einfach weiterzumachen wie bisher, sondern eine »sozial-ökologische Transformation« einzuleiten. In der Kommission ist auch Gustav Horn vertreten, der das gewerkschaftsnahe Institut für Makroökonomie und Konjunkturforschung vor der Übergabe an Dullien lange geleitet hat und sich seit vielen Jahren für eine progressive Wirtschaftspolitik einsetzt. Im Jahr 2019 wird Horn in den Parteivorstand gewählt.

So muss man den Wahlerfolg der SPD als Gemeinschaftswerk begreifen. Mit Scholz als Parteichef wäre es wahrscheinlich nie gelungen, den linken Flügel der Partei auf ein gemeinsames Ziel einzuschwören. Und Esken wäre als Kandidatin im bürgerlichen Lager mit Sicherheit durchgefallen. In der Finanzkrise haben angelsächsische Medien den Begriff Merkozy geprägt. Es handelt sich um eine Verschmelzung der Namen von Angela Merkel und Nicolas Sarkozy, dem damaligen französischen Präsidenten. Die beiden arbeiteten eng zusammen und übernahmen die Führung in Europa. In diesem Sinne könnte man von einer Eskolz-SPD sprechen. Sie steht für eine Sozialdemokratie, die die Staatsverachtung der vergangenen Jahrzehnte überwunden hat, ohne in einen Staatsdirigismus zurückzufallen.

6
Arbeit

Am 16. Februar 2011 musste sich die Krone der Schöpfung geschlagen geben. An diesem Tag besiegte ein Supercomputer mit dem Namen *Watson* in der Rätselshow Jeopardy! seine menschlichen Gegner. Bei Jeopardy! müssen nicht Antworten auf Fragen gegeben, sondern die zu den Antworten passenden Fragen formuliert werden. Beispiel:

Antwort: Er regierte Deutschland und war Ministerpräsident in Rheinland-Pfalz gewesen.

Frage: Wer war Helmut Kohl?

Schon eine so einfache Aufgabe ist für einen Computer eine Herausforderung. Die Informationen selbst sind dabei noch das geringste Problem. Die Biographien der deutschen Bundeskanzler können mit geringem Aufwand elektronisch abgerufen und verglichen werden. Und Watson wurde von seinem Hersteller IBM nicht nur mit den Lebensläufen der deutschen Kanzler gefüttert. In seinen Datenbanken ist der Inhalt von unzähligen Zeitungstexten, Wörterbüchern und Lexika gespeichert. Ein wenig komplizierter ist es allerdings, diese Informationen miteinander zu verknüpfen. Ein Mensch kommt mit seinem Erfahrungswissen schnell darauf, dass ein Politiker, der Deutschland regiert, ein Bundeskanzler sein muss und deshalb ein Bundeskanzler gesucht ist, der in Rheinland-Pfalz Ministerpräsident gewesen war. Eine Rechenmaschine benötigt für diesen Schluss bereits statistische Verfahren. Und die werden immer komplizierter, je uneindeutiger die sprachlichen Formulierungen sind. Und bei Jeopardy! sind sie oft sehr uneindeutig. In einer der Fragen wurde der Autor gesucht, dessen Hauptwerk von einem Buch des britischen Diplomaten William Wilkinson über die rumänischen Provinzen Moldawien und Walachei beeinflusst wurde. Die Antwort ist Bram Stoker. Das muss man erst einmal ausrechnen.

Watson jedenfalls wurde nach seinem Sieg in der Show eine grandiose Zukunft vorhergesagt. Er werde mit seiner Fähigkeit, große Datenmengen zu verarbeiten, die Medizin revolutionieren, das Versicherungsgeschäft, die Wissenschaft. Und den Menschen ihre Arbeitsplätze wegnehmen. So wie es der amerikanische Autor Martin Ford in seinem Buch *Rise oft the Robots* beschrieben hat. Er prognostiziert gewaltige soziale und wirtschaftliche Verwerfungen, weil die Digitalisierung nicht nur Lastwagenfahrer und Fließbandarbeiter, sondern auch Anwälte, Radiologen oder Softwareentwickler arbeitslos mache. Der Wirtschaftsnobelpreisträger Wassily Leontief hat das am Beispiel des britischen Arbeitspferds deutlich gemacht. Es ist weitgehend vom Erdboden verschwunden, weil Pferde durch die Entwicklung des Verbrennungsmotors im Arbeitsprozess überflüssig wurden. Ein ähnliches Schicksal drohe dem Menschen. In einer solchen Gesellschaft ohne Arbeit müsste die Teilhabe am Wohlstand und am sozialen Leben vollkommen neu geregelt werden. Weil es ja, wenn die Berufe abgeschafft sind, auch kein Einkommen mehr gibt, das die Existenz der Arbeitnehmer sichert. Eine Idee für die Lösung dieses Problems ist das bedingungslose Grundeinkommen. Alle Menschen eines Lands würden von Geburt an lebenslang jeden Monat vom Staat so viel Geld erhalten, wie sie zum Leben benötigen. Einfach so.

Ohne dass sie dafür etwas tun müssen. Und ohne dass es ihnen gestrichen werden kann.

In diesem Fall ist die Geschichte allerdings anders ausgegangen: Watson hat nichts revolutioniert. Beispiel Medizin: Das Deutsche Krebsforschungszentrum hat die Zusammenarbeit mit IBM beendet. Der Supercomputer lag mit seinen Empfehlungen für die Krebstherapie zu oft daneben. In einem Krankenhaus in Houston im amerikanischen Bundesstaat Texas scheiterte der Einsatz von Watson unter anderem daran, dass das System die Patientenakten nicht verarbeiten konnte. Am Ende verbrachten die Mediziner mehr Zeit mit dem Computer als mit den Kranken und gaben frustriert auf.

Im politischen Denken von Olaf Scholz spielen die Arbeit und ihre Zukunft eine Schlüsselrolle. Es ist kein Zufall, dass er einer Arbeiterpartei beigetreten ist, als Fachanwalt für Arbeitsrecht gearbeitet hat und Arbeitsminister wurde. Die menschliche Arbeit ist das Fundament einer Politik des Respekts, wie sie Scholz entwickelt hat. Scholz ist sich sicher, dass »die Arbeit uns nicht ausgehen wird«, wie er es einmal formuliert hat. In der Coronakrise hat er eng mit Jens Südekum zusammengearbeitet, Professor an der Heinrich-Heine-Universität in Düsseldorf. Südekum hält nicht viel von der These, dass der Gesellschaft die Arbeit ausgehe, weil Roboter die Produktion übernehmen. Sein Argument: Es gibt heute elektronische Mähroboter, die problemlos Rasenflächen mähen können. Dennoch sind Gärtner nicht überflüssig geworden. Sie haben mehr Zeit, sich um die Züchtung von Blumen zu kümmern oder die Gestaltung des Gartens. Um Aufgaben also, die sich nicht so leicht automatisieren lassen. Genau wie die Krebsdiagnose, an der Watson gescheitert ist. Die Maschinen ersetzen also nicht nur Arbeit, sie verändern sie auch und bringen damit neue Tätigkeiten hervor.

Eine Maschine muss beispielsweise gewartet und überwacht werden. Das kann bisher nur der Mensch. Und wenn einmal spezielle Wartungsmaschinen erfunden würden, dann müssten die wiederum von Menschen gewartet werden. Am Ende der Kette steht immer eine natürliche, keine künstliche Intelligenz. Und: Wenn in der Produktion mehr Roboter eingesetzt werden, dann sinken die Produktionskosten, weil die Maschine günstiger ist als der Mensch. Das ist ja der Grund dafür, dass sie überhaupt eingesetzt wird. Die hergestellten Produkte werden also billiger, und die Verbraucher können sich mehr davon leisten. Um die größere Nachfrage zu bedienen, müssen die Firmen mehr Leute einstellen, zum Beispiel im Vertrieb oder im Kundendienst. Einerseits wird also weniger Arbeit benötigt (weil die Maschine den Menschen ersetzt), anderseits mehr (weil mehr Güter hergestellt werden). Welcher Effekt am Ende größer ist, lässt sich nur empirisch feststellen. Südekum erläutert das am Beispiel Amazon. Dort sei zwischen 2014 und 2017 der Bestand an Robotern von 1400 auf 45 000 gestiegen. Im gleichen Zeitraum habe sich die Zahl der Mitarbeiter aber verdreifacht, weil Amazon dank der Roboter schneller und günstiger liefern konnte und deshalb mehr Menschen im Netz bestellten. Ähnlich ist die Lage offenbar in anderen Firmen. Obwohl in Deutschland noch nie so viele Computer und Maschinen im Einsatz waren wie derzeit, ist die Beschäftigung so hoch wie selten zuvor.

Hinzu kommt: Die Deutschen werden immer älter. Die Bevölkerung im erwerbsfähigen Alter wird wegen des demographischen Wandels in den kommenden Jahren stark zurückgehen. Die Arbeitnehmer aus den geburtenstarken Jahrgängen gehen zunehmend in Rente, und die nachrückenden Jahrgänge sind vergleichsweise klein. Laut einer Studie des Instituts der deutschen Wirtschaft (IW) dürfte die Zahl der Menschen im Alter von 20 bis 64 deshalb schon im Jahr 2030 um 11,2 Prozent niedriger liegen als im Jahr 2020. Insgesamt schrumpfe das jährliche Arbeitsvolumen bis 2030 um knapp fünf Milliarden Arbeitsstunden. Und schon heute gibt es laut einer Untersuchung des Deutschen Instituts für Wirtschaftsforschung in 45 Prozent aller Berufe in Deutschland Engpässe beim Personal – darunter auch Straßenbauer, Sanitärfachkräfte und Verwaltungsangestellte. Nun ist die Menge an Arbeit keine feste Größe. Sie lässt sich ausweiten, entweder indem mehr Menschen arbeiten oder die bereits arbeitenden Menschen ihre Arbeitszeit ausweiten. Beides ist in den vergangenen Jahren bereits geschehen. Die Frauenerwerbsquote ist gestiegen, weil es mehr Kinderbetreuungsangebote gibt als früher. Und es sinkt die Zahl derjenigen, die in Teilzeit arbeiten, obwohl sie eigentlich lieber einen Vollzeitjob hätten. Doch um den alterungsbedingten Rückgang des Arbeitsvolumens auszugleichen, reicht das nach Einschätzung des IW nicht aus. Dieses Ziel sei nur erreichbar, wenn die Arbeitszeiten in Deutschland an die Arbeitszeiten in Ländern wie Schweden und der Schweiz angepasst würden. Das heißt dann zum Beispiel weniger Feiertage und weniger Urlaub. Oder ein späterer Eintritt in die Rente. Solche Szenarien sind genau das: Szenarien. Es kann immer auch anders kommen. Aber es ist durchaus möglich, dass Deutschland am Ende nicht die Arbeit, sondern die Arbeiter auszugehen drohen.

Das hätte erhebliche Folgen für die Politik. Denn es ginge dann nicht mehr darum, die Arbeitslosen zu alimentieren oder zu bestrafen. Sondern sie in die Lage zu versetzen, wieder eine Arbeit aufzunehmen, und wenn möglich auch eine produktive. In diesem Zusammenhang ist Hartz IV mit seinen bürokratischen Vorschriften und dem Stress, den es den Beziehern von

Grundsicherung und vor allem deren Familien aussetzt, nicht nur unter Gerechtigkeitsgesichtspunkten eine Zumutung. Sondern auch eine Verschwendung von Humankapital. Den Agendareformen lag letztlich die Philosophie zugrunde, dass es schon nicht so schlimm sei, wenn sich jemand in den Fallstricken des Hartzsystems verheddere, weil diese Menschen in Wahrheit ohnehin niemand brauche. Wenn aber nicht mehr genug Leute da sind, kann es sich die Gesellschaft nicht mehr leisten, dass Bildungschancen nicht wahrgenommen werden, weil in den Familien nicht genug Geld da ist. Beziehungsweise dass sich die Empfänger von Grundsicherung sich nichts dazuverdienen, weil die staatlichen Leistungen gekürzt werden, wenn sie das tun. Oder wie Scholz es formuliert: Der Staat müsse dafür sorgen, dass die Menschen »ihre Potenziale ausschöpfen können«. Insofern folgt die von der Ampel geplante Überführung von Hartz IV in ein Bürgergeld einer ökonomischen Logik. Scholz wird auch daran gemessen werden, ob sich am Ende durch die Neuregelung mehr ändert als nur der Name. Entscheidend dürfte dabei sein, wie er mit dem Thema Weiterbildung umgeht. Denn auch wenn unter dem Strich durch die Digitalisierung keine Arbeitsplätze verschwinden: Die neuen Arbeitsplätze unterscheiden sich oft von den alten. Ein Kohlekumpel in der Lausitz hat wenig davon, wenn in Berlin Programmierer gesucht werden. Deshalb soll nach den Vorstellungen der Ampel ein am Kurzarbeitergeld angelehntes Qualifizierungsgeld eingeführt werden, das von der Bundesagentur für Arbeit ausbezahlt wird. Die Idee: Die Arbeitnehmer bleiben im Betrieb, bilden sich aber weiter. Es ist vor diesem Hintergrund ein wenig unverständlich, warum Olaf Scholz ein höheres Rentenalter ablehnt. Denn längere Lebenszeiten würden nicht nur die Rentenkassen entlasten, sondern auch am Arbeitsmarkt für

Entlastung sorgen. Scholz hält das für »unsozial«, doch es fordert ja niemand, dass Bauarbeiter mit kaputtem Rücken noch mit 70 auf Gerüsten herumturnen. Aber in vielen anderen Berufen fängt mit der Rente nicht der große Spaß an, sondern die große Langeweile.

Die Wertschätzung der Arbeit erklärt auch, weshalb Scholz ein bedingungsloses Grundeinkommen kategorisch ablehnt. Ein solches sei auch nur eine Form des »Neoliberalismus«, hat er einmal gesagt. Das klingt erst einmal schräg, weil das Grundeinkommen bei vielen Linken sehr populär ist. Es gilt als eine Art Allheilmittel in einer Welt, in der nichts mehr sicher scheint. Aber wie das mit Allheilmitteln so ist: Oft heilen sie überhaupt nichts. Denn im Kern ist das Grundeinkommen eine Stillhalteprämie. Und noch dazu eine sehr teure. Am Ende geht von ihm das Signal aus: Du wirst nicht mehr gebraucht. Hier ist das Geld, viel Spaß damit. Der Staat muss sich dann um nichts kümmern. Nicht um die Schulen. Nicht um die Familien. Nicht um die Weiterbildung. Es gibt ja das Grundeinkommen. Scholz geht es also nicht um eine Überwindung der Arbeit und eine Entschädigung der Transformationsverlierer, sondern darum, dass Arbeit – auch einfache Arbeit – weiterhin die soziale Teilhabe sichert. Den »Stolz des Berufs« hat er das in einem Interview einmal genannt. In einem Positionspapier aus dem Jahr 2003 wird der Gedanke weiter ausgeführt. Da heißt es, dass Arbeit die »wichtigste Quelle psychischer Stabilität und sozialer Identität« sei. Sie vermittle Menschen Lebenssinn, verhelfe ihnen zu »Respekt und Selbstrespekt«. Und weiter: »Als Norm und Realität bleibt Erwerbsarbeit zentral für den Zusammenhalt und die Kultur unserer Gesellschaft.« Ein wenig erinnert das Grundeinkommen an den Roman »Die Zeitmaschine« des britischen Autors H. G. Wells. Darin reist der Protagonist in eine Zukunft, in der ein Teil der Menschheit auf der Erdoberfläche scheinbar sorgenfrei in einer paradiesischen Umgebung lebt. Arbeiten muss niemand. Das macht der andere Teil der Menschheit, der in unterirdischen Höhlen riesige Maschinen betreibt. Es sieht auf den ersten Blick so aus, als seien die Höhlenmenschen die Sklaven der Oberflächenmenschen. In Wahrheit werden Letztere von Ersteren wie Vieh gehalten – und aufgefressen.

Ökonomen unterscheiden mit Blick auf die Arbeit zwischen der primären und einer sekundären Verteilung der Einkommen. Die primäre Verteilung wird durch den Lohn bestimmt, bei der sekundären werden die staatlichen Zuschläge und Abzüge addiert. Die Philosophie der Agenda bestand auch darin, eine hohe Ungleichheit der Primäreinkommen zuzulassen, die dann durch staatliche Maßnahmen wie Lohnzuschüsse ein wenig gelindert wird. Scholz hingegen will, dass ordentliche Löhne gezahlt werden und das Geld nicht vom Amt kommt. Deshalb ist es aus seiner Sicht so wichtig, den Mindestlohn zu erhöhen. Olaf Scholz ist schon lange ein Anhänger des Mindestlohns. In seiner Zeit als Generalsekretär hat er durchgesetzt, dass sich eine parteiinterne Arbeitsgruppe mit dem Thema befasst. Vorbild war für ihn die britische Mindestlohnkommission. Sie besteht aus Gewerkschaftern, Wissenschaftlern und Arbeitgebervertretern, die eine Empfehlung über die Höhe des Mindestlohns abgeben. Scholz und seine Leute haben damals viel mit dem britischen Regierungsberater David Coats gesprochen, der die Einführung des Mindestlohns in Großbritannien im Jahr 1998 begleitet hat. Gerhard Schröder allerdings wollte von einem Mindestlohn nichts wissen. Als Arbeitsminister in der Großen Koalition hat Scholz es dann noch einmal versucht, ist aber am Widerstand der Union gescheitert. Immerhin konnte er Lohnuntergrenzen für einzelne Branchen durchsetzen.

Seiner Nachfolgerin Andreas Nahles ist es im August 2014 gelungen, erstmals in der Geschichte der Republik eine flächendeckende, allgemeine und gesetzliche Lohnuntergrenze einzuführen. Damals warnten viele Ökonomen in Deutschland vor drastischen Folgen für den Arbeitsmarkt. In verschiedenen Prognosen war von Beschäftigungsverlusten in der Größenordnung zwischen 400 000 und über 900 000 Jobs die Rede. Das Argument: Ein Arbeitsplatz wird gemäß der – mit dem Neoliberalismus wesensverwandten – neoklassischen Wirtschaftstheorie nur geschaffen, wenn aus Sicht des Unternehmens der Ertrag des Arbeitnehmers über den Lohnkosten liegt. Wenn es sich also rechnet, jemanden einzustellen. Erhöht nun der Mindestlohn die Lohnkosten künstlich, dann sind nach dieser Theorie vor allem die Arbeitsplätze von Geringqualifizierten mit niedrigem Ertrag nicht mehr rentabel. Sie werden deshalb gestrichen. Tatsächlich aber ist die Zahl der Erwerbstätigen in den Jahren seit Einführung des Mindestlohns kräftig gestiegen, von 43,0 Millionen im Jahr 2015 auf 45,1 Millionen im Jahr 2019. Nun weiß niemand, wie sich die Zahl der Beschäftigten entwickelt hätte, wenn es den Mindestlohn nicht gegeben hätte. Vielleicht wäre sie dann noch stärker gestiegen. Um das herauszufinden, müsste man die gesamte deutsche Volkswirtschaft in einem Modell ohne Mindestlohn nachbauen und die Ergebnisse vergleichen. So wie in der Medizin bei der Entwicklung neuer Medikamente eine Patientengruppe das Medikament bekommt und die andere nur ein Placebo. Das geht aber aus nachvollziehbaren Gründen in der Ökonomie nicht. Dennoch kann festgehalten werden: Der befürchtete Kahlschlag am Arbeitsmarkt ist nicht eingetreten. Und neuere ökonomische Studien sehen den Mindestlohn als weniger problematisch an.

Einige der Gründe hat der Wirtschaftsprofessor Tom

Krebs von der Universität Mannheim in einem Gutachten für die gewerkschaftsnahe Hans-Böckler-Stiftung aufgeschrieben. Krebs ist einer der führenden deutschen Wirtschaftswissenschaftler, Olaf Scholz hat ihn im Jahr 2019 für ein Jahr als Gastprofessor an das Bundesfinanzministerium geholt. Aus der Sicht Krebs' ist die neoklassische Theorie nicht mehr auf der Höhe der Zeit. Sie berücksichtige erstens nicht, dass eine Anhebung der Löhne dazu führen könne, dass die Motivation der Arbeitnehmer steigt: Ein Arbeiter, der am Tag fünf Schaufeln herstellt, stellt jetzt vielleicht sechs oder sieben her. Damit hätten die Unternehmen auch keinen Grund, den Arbeitsplatz zu streichen, obwohl der Lohn steigt. Denn dafür steigt ja jetzt auch der Umsatz. Ein zweiter Kritikpunkt: Es gebe Unternehmen, die die Löhne deutlich unter den Ertrag des Arbeitnehmers drücken, um ihre Gewinne zu erhöhen. Das sei etwa in Regionen der Fall, in denen Arbeitsplätze knapp oder nur wenig Arbeitnehmer in einer Gewerkschaft organisiert seien. Dann würde ein höherer Lohn lediglich dafür sorgen, dass die Gewinne des Unternehmens nicht ganz so hoch ausfallen. Der Arbeitsplatz wäre weiterhin rentabel, es würde aber ein Teil des Unternehmensgewinns an die Arbeitnehmer als zusätzlicher Lohn ausbezahlt. Und selbst wenn ein Arbeitsplatz durch den Mindestlohn unrentabel wird: Die Unternehmen könnten in einem solchen Fall einfach die Preise der entsprechenden Güter und Dienstleistungen erhöhen. Das liefe dann aber auf eine Umverteilung von den mittleren und oberen Einkommen hin zu den unteren Einkommen hinaus. Am Ende geht es also um die Frage, ob die obere Mittelschicht bereit ist, etwas mehr Geld für das Essen beim Lieblingsitaliener auszugeben, damit das Restaurantpersonal angemessen bezahlt werden kann. Scholz meint: Das sollte sie sein.

Der neue Blick auf die Arbeit spielt auch bei einer weiteren strategischen Positionierung von Olaf Scholz eine Rolle: der Migrationspolitik. Die Sozialdemokratie verstand sich traditionell immer als eine Bewegung, die nicht an eine bestimmte Nation gebunden, sondern in ihrem Wesenskern international ist. Der Hauptwiderspruch ist der zwischen Arbeit und Kapital, nicht zwischen Briten und Franzosen oder Niederländern und Nigerianern. Das Manifest der Kommunistischen Partei von Karl Marx und Friedrich Engels endet mit dem Satz »Proletarier aller Länder vereinigt euch!« Da steht nicht: »Proletarier aus Deutschland vereinigt euch!« In der Nachkriegszeit haben die meisten sozialdemokratischen Parteien in Europa eine vergleichsweise liberale Migrationspolitik verfolgt. Das gilt auch für die SPD, der erste Ausländerbeauftragte einer deutschen Bundesregierung war Sozialdemokrat. Sein Name: Heinz Kühn. Der frühere nordrhein-westfälische Ministerpräsident forderte im Jahr 1979 in einem Memorandum unter anderem, dass in Deutschland geborene Kinder ausländischer Eltern leichter die deutsche Staatsbürgerschaft erhalten können. Die rot-grüne Koalition unter Gerhard Schröder setzte durch, dass in Deutschland geborene Kinder ausländischer Eltern die deutsche Staatsangehörigkeit erhalten, wenn ein Elternteil seit mindestens acht Jahren dauerhaft in Deutschland lebt.

In der Flüchtlingskrise hat die Bereitschaft zur Solidarität mit den Unterdrückten dieser Erde in vielen westlichen Gesellschaften deutlich nachgelassen. Die Zuwanderer wurden nun vermehrt als Konkurrenten im Kampf um Arbeitsplätze, Wohnraum und soziale Leistungen wahrgenommen. Rechtspopulistische Parteien nutzten die Ängste der Wähler vor allem in der Arbeiterschicht aus und gewannen damit Wahlen: in den USA, in Ungarn, in Polen. Einige sozialdemokratische Parteien reagierten darauf mit einer Hinwendung zum Nationalen. Der Adressat des sozialdemokratischen Solidaritätsversprechens ist demnach zuallererst die eigene Bevölkerung. Unter Jeremy Corbyn legte die britische Arbeiterpartei im Jahr 2018 ein für britische Verhältnisse vergleichsweise radikales wirtschaftspolitisches Programm vor, die vorgeschlagenen Umverteilungsmaßnahmen enden an den Grenzen Großbritanniens. Corbyn setzte sich noch nicht einmal dafür ein, den geplanten Austritt des Landes aus der Europäischen Union zurückzunehmen. Die österreichischen Sozialdemokraten verabschiedeten im gleichen Jahr ein neues Grundsatzprogramm, in dem sie sich zwar zu den humanitären Verpflichtungen des Landes angesichts von Krieg, Terror und Gewalt in der Welt verpflichten, zugleich jedoch festhalten, dass Schutzsuchenden »am besten in Nähe ihrer Heimatländer geholfen werden kann«, weshalb die Aufnahmeländer des »Globalen Südens« unterstützt werden müssten. Noch weiter fortgeschritten ist der Rechtsruck in der Migrationspolitik in den sozialdemokratischen Parteien der skandinavischen Länder. Die dänischen Sozialdemokraten haben ein Gesetz verabschiedet, dass Asylverfahren in Drittländer auslagert. Flüchtlinge würden also in ein Aufnahmezentrum geflogen werden, wenn sie an der dänischen Grenze einen Asylantrag stellen. Im Blick hat die Regierung in Kopenhagen Staaten wie Marokko, Tunesien oder Algerien. Dort müssten die Asylbewerber dann warten, bis über ihren Antrag entschieden ist. Die Partei und ihre Spitzenkandidatin Mette Frederiksen haben mit ihrem harten Kurs in der Migrationspolitik im Jahr 2019 die Parlamentswahlen für sich entschieden. Das zentrale Argument im Wahlkampf: Ein großzügiger Sozialstaat sei mit offenen Grenzen nicht vereinbar, weil die Sozialleistungen nicht mehr finanzierbar seien, wenn zu viele Menschen mit Anspruch auf staatliche Unterstützung einwanderten. Der Erfolg von Frederiksen löste auch in der SPD eine Debatte über die Einwanderungsfrage aus. Sigmar Gabriel forderte seine Partei im Sommer 2019 auf, sich am Erfolg der Genossen in Dänemark ein Beispiel zu nehmen. Sie hätten sich »konsequent den Herausforderungen der Migration« gestellt und ein »Gespür für die traditionelle Wählerschaft«. Scholz teilt diese Einschätzung nicht. Er wendete sich gegen eine – wie er es nennt – Politik der »Abschottung und Ausgrenzung«.

Scholz bleibt sich damit treu. Schon im Jahr 2014 hat er in einer Grundsatzrede im Hamburger Thalia-Theater seine Heimatstadt als »kosmopolitische, also weltbürgerlich orientierte« Metropole beschrieben, deren Lebensgefühl durch die Zuwanderung von Menschen aus anderen Ländern geprägt sei. In seinem 2017 erschienenen Buch »Hoffnungsland« argumentiert er zwar, dass sich der staatliche Kontrollverlust in der Flüchtlingskrise nicht wiederholen dürfe und die Außengrenzen deshalb besser geschützt werden müssten. Eine Welt ganz ohne Grenzen sei eine »wichtige Zukunftsvorstellung«, die jedoch unter den heutigen Bedingungen nicht verwirklicht werden könne. Der Ansturm der Flüchtlinge müsse aber dennoch nicht als nicht als »Bedrohung, sondern als Auszeichnung« verstanden werden. Er zeige, dass Deutschland international als attraktiver Standort gelte, als ein Hoffnungsland. So betont Scholz vor allem die Chancen, die die Zuwanderung in einer alternden Gesellschaft mit sich bringt. Ihn interessiert vor allem, wie sich diese Chancen nutzen lassen. Dabei kommt es aus seiner Sicht vor allem darauf an, dass die Flüchtlinge schneller und besser in den Arbeitsmarkt integriert werden. Mit der für ihn typischen Liebe für bürokratische Details weist er beispielsweise darauf hin, dass sich Sprachkurse danach nur an jene richten, die als

Flüchtlinge anerkannt sind oder wahrscheinlich als solche anerkannt werden. Das sei ein Problem, weil viele Afghanen über eine eher geringe Bleibeperspektive verfügten und deshalb nicht an den Sprachkursen teilnehmen durften, obwohl es oft Jahre dauert, bis ein Anerkennungsverfahren abgeschlossen ist. Es wäre doch besser, meint Scholz, wenn die Betroffenen in der Zeit des Wartens auf eine Entscheidung die Sprache lernen. Wenn sie dann bleiben dürfen, haben sie bessere Berufsaussichten. Wenn nicht: auch egal. Es habe noch niemanden geschadet, eine Sprache gelernt zu haben. Scholz hat ebenfalls erfahren, wie schwer es manchmal schon ist, Flächen für den Bau von Flüchtlingsheimen zu finden. In Hamburg kam es 2016 zu Protesten von Anwohnern gegen die von der Stadtregierung geplanten Großunterkünfte. Es war von »Scholz-Ghettos« die Rede. Der so Kritisierte löste dann das Problem auf seine Art: Er handelte einen Kompromiss mit den Anwohnervertretern aus. Die Unterkünfte sollten deutlich kleiner als ursprünglich geplant werden, dafür sollten gegebenenfalls zahlreiche zusätzliche Standorte geschaffen werden. Scholz verkündete die Einigung auf eine sehr scholzige Weise: Es handle sich auch um eine »gute Verständigung in der Sache«, die »Unterbringung und Integration von Flüchtlingen als eine gemeinsame Anstrengung begreife«. Nun könne »die Errichtung weiterer Unterkünfte« auf der Grundlage eines »sehr breiten Konsenses« erfolgen.

Scholz begreift also die Migrationsströme nicht nur als humanitäres, sondern auch als ökonomisches Phänomen. Denn es stimmt zwar, dass Einwanderer den Sozialstaat beanspruchen, wenn sie staatliche Leistungen abrufen. Aber sie tragen eben auch zur Finanzierung des Sozialstaats bei, wenn sie eine Arbeit aufnehmen und Steuern und Abgaben zahlen. Das Argument gewinnt durch den demographischen Wandel noch einmal an

Gewicht, denn Sozialleistungen müssen nicht nur finanziert, sondern auch ausgeführt werden: Irgendjemand muss die vielen Alten versorgen, und schon heute liegt der Ausländeranteil an der Gesamtheit der sozialversicherungspflichtig Beschäftigten in der Pflege bei 13 Prozent. Scholz jedenfalls ist davon überzeugt, dass »wir in Deutschland deutlich mehr Arbeitskräfte brauchen«, wie er es einmal formuliert hat. Wie viele, lässt sich schwer vorhersagen: In der Rechnung des IW ist allerdings bereits unterstellt, dass jährlich unter dem Strich 221 000 Zuwanderer nach Deutschland kommen. Es müssten also deutlich mehr werden. Nach Einschätzung des Chefs der Arbeitsagentur Detlef Scheele sind im Jahr 400 000 Arbeitskräfte aus dem Ausland nötig, um den alterungsbedingten Rückgang der Beschäftigung auszugleichen. Da stellt sich dann möglicherweise bald die Frage, woher denn diese Leute alle kommen sollen, denn zumindest in vielen europäischen Ländern schreitet die Alterung der Gesellschaft ebenfalls voran. Auch deshalb betont die Ampel stärker als die Vorgängerregierung die Potenziale der Migration. Und deshalb steht im Koalitionsvertrag, dass Deutschland ein »Einwanderungsland« sei.

7
Klima

Es gibt in Deutschland wahrscheinlich nicht viele Leute, die Martin Kreienbaum kennen. Kreienbaum hat eine eher unauffällige Beamtenkarriere hinter sich: Ausbildung zum Bankkaufmann, Jurastudium in Freiburg und Münster, Steuerreferent im Bundesfinanzministerium und seit ein paar Jahren dort Leiter der Unterabteilung für internationales Steuerrecht. In dieser Funktion fliegt er am 16. März 2018 mit Olaf Scholz von Paris nach Berlin. Scholz ist seit ein paar Tagen Minister und lässt sich auf dem Flug von seinen Beamten über die aktuellen Themen in der internationalen Finanzpolitik unterrichten. Kreienbaum macht Scholz einen Vorschlag. Wie wäre es, wenn es weltweit eine Mindeststeuer gäbe, an die sich Unternehmen in allen Ländern halten müssen? So wie es in Deutschland einen Mindestlohn gibt, der nicht unterschritten werden darf? Dann wäre es für die Unternehmen nicht mehr so lukrativ, sich in Niedrigsteuerländern anzusiedeln. Und für die Länder mit hohen Steuern wäre Steuerflucht nicht mehr so ein großes Problem.

Die Idee ist revolutionär: Das Recht, Steuern zu erheben, gilt seit je als Kern nationaler Souveränität, selbst in der EU kann in Steuerangelegenheiten bislang keine Regierung überstimmt werden. Kreienbaum hat über seinen Vorschlag lange nachgedacht und mit seiner Abteilung dazu auch schon ein erstes Konzeptpapier verfasst. Scholz findet die Idee gut, sie weist den

Weg aus einem Dilemma, das er von seinem Vorgänger Wolfgang Schäuble geerbt hat. Immer mehr Staaten wollen nicht länger hinnehmen, dass vor allem die großen amerikanischen Digitalkonzerne wie Google, Amazon oder Facebook kaum noch Steuern bezahlen, weil sie ihre Firmensitze in Staaten mit niedrigen Steuersätzen verlagert haben. Die französische Regierung bereitet deswegen die Einführung einer nationalen Digitalsteuer vor, die britische ebenfalls, und die Europäische Kommission in Brüssel arbeitet an ähnlichen Plänen. Die Steuern würden dann nicht mehr, wie bislang üblich, dort erhoben, wo ein Unternehmen seinen Hauptsitz hat – sondern dort, wo es seine Geschäfte macht. Wenn also Apple in Deutschland viele Smartphones und Computer verkauft, dann müsste der Gewinn in Deutschland versteuert werden, obwohl das Unternehmen seine Europazentrale in Irland hat. Das Problem an der Sache ist nur: Deutschland ist ein Exportland, das seine Autos und Maschinen überall auf der Welt verkauft. Wenn also künftig dort besteuert würde, wo ein Unternehmen seine Geschäfte macht, dann würde Daimler seine Steuern womöglich vermehrt in Schanghai und seltener in Stuttgart bezahlen. Das könnte dazu führen, dass den deutschen Finanzbehörden Steuereinnahmen in Milliardenhöhe entgehen. Deshalb hat Schäuble das Projekt nicht weiterverfolgt. Durch eine weltweite Mindeststeuer aber – so die Hoffnung – könnten Steueroasen ausgetrocknet werden, ohne dass Exportnationen wie Deutschland Einnahmeverluste drohen.

Olaf Scholz macht die Mindeststeuer zur Chefsache. Er weiht seinen französischen Kollegen Bruno Le Maire ein. Der hat ein Problem: In der französischen Bevölkerung ist eine nationale Digitalsteuer populärer, Frankreich ist auch nicht so vom Export abhängig wie Deutschland. Scholz und Le Maire einigen sich auf einen Kompromiss: Frankreich unterstützt ab sofort die internationale Mindeststeuer – falls das Projekt aber scheitert, soll eine europäische Digitalsteuer kommen. Scholz geht mit der Idee auch auf internationalen Konferenzen hausieren, er wirbt damit bei den deutschen Wirtschaftsverbänden. Dennoch passiert lange erst einmal nichts. Die britische Regierung will ihr Land selbst in eine Steueroase verwandeln, die Chinesen wollen sich nicht ihre Steuerpolitik von anderen Nationen diktieren lassen, die Amerikaner wollen verhindern, dass ihre Internetkonzerne stärker besteuert werden. Das Vorhaben gilt als gescheitert, und Scholz muss sich die Frage gefallen lassen, ob er nicht auf das falsche Pferd gesetzt hat.

Doch mit der Wahl von Joe Biden zum amerikanischen Präsidenten gerät Bewegung in die Angelegenheit. Biden will mit milliardenschweren staatlichen Ausgabenprogrammen die marode Infrastruktur des Landes modernisieren. Das kostet Geld, und da kommt die Mindeststeuer gerade recht. Als sich im Frühjahr 2020 abzeichnet, dass Corona mit erheblichen Belastungen für die Staatskassen einhergehen wird, schwenken auch andere Länder um. Im Juni 2021 ist es so weit: Die Finanzminister der sieben führenden Industrienationen einigen sich darauf, dass künftig überall auf der Welt eine Mindesteuer von 15 Prozent gelten soll, inzwischen haben über 136 Länder ihre Zustimmung signalisiert, so dass mehr als 90 Prozent der weltweiten Wirtschaftsleistung durch das Abkommen abgedeckt sind. Dieses muss nun noch in nationales Recht überführt werden, dabei sind Rückschläge nicht ausgeschlossen. Dennoch ist die Vereinbarung nach Einschätzung von Experten ein historischer Durchbruch im Kampf gegen das internationale Steuerdumping.

Warum diese Begebenheit hier so ausführlich erzählt wird?

Weil sie etwas darüber aussagt, wie Olaf Scholz Politik macht und wie er mit den großen Herausforderungen seiner Amtszeit umgehen dürfte, nicht zuletzt mit der allergrößten: dem Klimawandel. Das Bild von Scholz als langweiligem Veränderungsverweigerer entspricht nicht der Realität. Er mag vielleicht langweilig sein, aber Veränderungen hat er sich selten verweigert. Im Gegenteil: Er hat für deutsche Verhältnisse sogar recht radikale auf den Weg gebracht. Das gilt für den Mindestlohn, die Einführung des Kurzarbeitergelds während der Finanzkrise, den Wohnungsbau und die Gebührenfreiheit der Kindertagesstätten während seiner Zeit als Bürgermeister, die Finanzhilfen während der Coronapandemie oder eben die globale Mindeststeuer. In Hamburg erzählt man sich heute noch, dass unter Scholz das Chaos um den Bau der Elbphilharmonie beendet wurde – ein Konzerthaus, bei dem Kosten und Zeitplanung komplett aus dem Ruder gelaufen waren. Selbst die umstrittenen Agendareformen waren unter polittaktischen Gesichtspunkten ein Wagnis, welches die SPD als Partei fast nicht überlebt hätte. Man kann Gerhard Schröder und Franz Müntefering zwar vorwerfen, die falsche Politik gemacht zu haben. Aber man kann ihnen nicht vorwerfen, keine Risiken eingegangen zu sein.

Doch während Schröder eher impulsiv agierte, geht Scholz strategisch vor. Politik ist für ihn vor allem der Ausgleich von Interessen, vor allem wenn es um umstrittene Themen geht. Deshalb ist das Instrument zur Lösung politischer Probleme die Verhandlung. Olaf Scholz hat sehr viel verhandelt in seiner Karriere. Mit Parteigenossen, mit Ministerpräsidenten, mit Amtskollegen aus anderen Ländern. Scholz ist in solchen Verhandlungsrunden kein einfacher Gegner. Das hat zum Beispiel die Hamburger Grünenpolitikerin Katharina Fegebank zu spüren bekommen, die 2015 das rot-grüne Bündnis in Hamburg mit ausgehandelt hat. Scholz habe »den Anspruch, der Platzhirsch zu sein, Gespräche auch dominieren zu wollen und relativ wenig Spielraum zu lassen«, hat sie in einem Interview gesagt. »Man muss extrem ausgeschlafen sein, idealerweise auch bis ins letzte Detail gut vorbereitet, und man muss eine klare Idee davon haben, wo man hinwill.« Aber oft sind die Verhandlungspartner von Olaf Scholz ausgeschlafen und haben eine Idee, wo sie hinwollen. Deshalb dauert es manchmal länger, bis er am Ziel ist. Wenn alles gut läuft, setzt er sich trotzdem durch. So wie bei der Mindesteuer.

Wenn es nicht so gut läuft, muss er aber Zugeständnisse machen. So war das beispielsweise bei der Reform der Grundsteuer im Jahr 2019. Die Grundsteuer muss jeder bezahlen, der in Deutschland eine Immobilie besitzt. Sie orientiert sich damals noch – grob gesagt – am Wert des Hauses oder der Wohnung. Das Problem: Die bei der Berechnung der Steuer benutzten Werte sind völlig veraltet. Sie wurden erst zweimal aktualisiert: 1935 und 1964. Die Folge: Die von den Finanzämtern verwendeten Beträge haben mit den tatsächlichen Werten nicht mehr viel zu tun. Das Bundesverfassungsgericht hat deshalb Nachbesserung verlangt, und Olaf Scholz hat einen Gesetzentwurf vorgelegt, der die Bewertung auf den neuesten Stand bringt. Dazu werden Angaben zu Wohnfläche und Baujahr herangezogen sowie Erhebungen zum Wert des Bodens, auf dem die Immobilie steht. Die Idee: Eine Wohnung gleicher Bauweise ist in Berlin-Mitte mehr wert als in Brandenburg, entsprechend müssen auch mehr Steuern bezahlt werden. Die politische Brisanz des Vorschlags liegt darin, dass die Grundsteuer so etwas wie der Einstieg in eine deutlich höhere Besteuerung von Vermögen, in diesem Fall Immobilienvermögen, sein könnte. Genau das ist die Sorge der Gegner des Modells. Vor allem die CSU will, dass sich die Höhe der Grundsteuer alleine an der Fläche orientiert. Auf die Wohnung in Berlin fielen also bei gleicher Größe genauso viele Steuern an wie auf die Wohnung in Brandenburg. Am Ende einigt man sich auf einen Kompromiss: Den Ländern ist es möglich, ein eigenes Grundsteuermodell einzuführen. Diese Öffnungsklausel ist der Preis, den Scholz dafür bezahlen muss, dass er sein Gesetz durchbekommt. Auch beim Thema Impfpflicht setzt er auf Verhandlungen. Er bringt keinen Gesetzesentwurf der Regierung in den Bundestag ein, sondern überlässt das dem Parlament. Die Opposition hat ihm vorgeworfen, er verweigere die Führung. Doch Scholz glaubt, dass er auch so ans Ziel kommt. Und mehr Menschen mitnehmen kann. Auch wenn das Gesetz dann später in Kraft tritt.

Was sich bei der Mindeststeuer auch gezeigt hat: Oft wirkt es von außen betrachtet so, als ginge in solchen Verhandlungen nichts voran. Weil Scholz auf Diskretion setzt. Das ist in Berlin keine Selbstverständlichkeit. Die Gremiensitzungen der Union in den letzten Regierungsmonaten von Angela Merkel hätte man auch auf einem Marktplatz abhalten können. In den sozialen Medien wurde über die Redebeiträge praktisch live berichtet, und manchmal wussten die Journalisten mehr als die Verhandlungsteilnehmer. Die Sondierungsrunden von CDU, CSU, FDP und Grünen sind auch deshalb nicht fortgesetzt worden, weil deren Inhalte am nächsten Tag in der Zeitung standen. Als Olaf Scholz Finanzminister war, sind aus seinem Haus fast nie Informationen nach draußen gedrungen. Es sei denn, er selbst wollte das, weil er sich einen politischen Vorteil davon versprach. Auch der Inhalt der Koalitionsverhandlungen blieb bis zur Veröffentlichung des Koalitionsvertrags geheim. Intern hatte man sich auf folgende Regel verständigt: Was rauskommt, das ist raus. Das sollte bedeuten: Wenn eine Information den

Weg in die Medien findet, dann wird der entsprechende Punkt erst einmal von der Tagesordnung genommen. Dadurch wurde für alle Beteiligten ein Anreiz gesetzt, auf gezielte Durchstechereien zu verzichten. Und als das Ergebnis dann da war, waren alle überrascht.

Man würde Scholz in jedem Fall nicht gerecht, wenn man ihn als Bremser beim Klimaschutz beschreiben würde. Die Wahrheit ist ein wenig komplizierter. Olaf Scholz nimmt die Erderwärmung ernst. Er wirbt im Wahlkampf damit, der »Kanzler für den Klimaschutz« sein zu wollen. »Hinter uns liegen 250 Jahre, in denen unser Wohlstand auf dem Verbrennen von Kohle, Öl und Gas gründete. Jetzt liegen vor uns 23 Jahre, in denen wir aus den fossilen Brennstoffen aussteigen müssen – und aussteigen werden«, sagt er in seiner ersten Regierungserklärung als Bundeskanzler. Klar ist aber auch: Scholz will das Problem auf seine Weise lösen. Und das bedeutet: Auf eine sozialdemokratische Weise. Das wird schon in seiner Zeit als Finanzminister deutlich. Das Umweltbundesamt hat im Herbst 2021 eine Studie herausgegeben, die umweltschädliche Subventionen in Deutschland in Höhe von 65,4 Milliarden Euro identifiziert. Dazu gehören Steuervergünstigungen für Diesel, die Nutzung von Dienstwagen oder die Entfernungspauschale im Steuerrecht. Scholz tastet diese Subventionen nicht an, auch weil er den Zorn der Pendler fürchtete. Und als das Bundesverfassungsgericht im April 2021 den Gesetzgeber mit Blick auf die Einhaltung der international verabredeten Klimaziele zu verschärften Klimaschutzmaßnahmen verurteilte, stellt sich Scholz gegen Forderungen, den Preis für den Ausstoß von Kohlendioxid deutlich zu erhöhen. Dabei wäre es theoretisch möglich, Benzin, Diesel und Heizöl durch Umweltabgaben so sehr zu verteuern, dass der Verbrauch stark zurückgeht. Am Ende ist das alles eine Frage des Preises. Der müsste laut einer Untersuchung des Wirtschaftsforschungsinstituts Prognos von derzeit 30 Euro auf 450 Euro für den Ausstoß von einer Tonne Kohlendioxid steigen. Damit das die Verbraucher nicht überfordert, müssten sie finanziell unterstützt werden. Das ließe sich etwa machen, indem die wachsenden Milliardeneinnahmen einfach pauschal wieder an die Haushalte ausgeschüttet werden. Ergebnis: Wer wenig fossile Energie verbraucht, hätte unter dem Strich sogar mehr Geld zur Verfügung. Die Grünen forderten ein solches Klimageld im Wahlkampf.

Scholz ist von diesem Vorschlag nicht überzeugt. Das schlägt sich auch im Koalitionsvertrag nieder. Die Ampel hält an Merkels Vorgabe fest, dass der CO_2-Preis bis 2025 langsam auf 55 Euro steigen soll, im Gegenzug soll Strom billiger werden. Das hat einerseits technische Gründe: Es ist in der Praxis nicht ganz trivial, das durch die Abgabe eingenommene Geld den Haushalten zurückzugeben. Dazu müsste möglicherweise ein neues Transfersystem aufgebaut werden. Das dauert. Und keines der Rückerstattungsmodelle wird allen Lebensrealitäten gerecht. Ein Fernpendler in einem schlecht isolierten Haus würde trotz der Gutschrift massiv belastet. Wichtiger noch ist aber: Olaf Scholz will den Klimawandel nicht in erster Linie durch Verzicht, sondern durch Innovationen bekämpfen. Das bedeutet: Er will investieren. In Windräder, Solaranlagen, Stromtrassen, Ladestationen, Elektroautos. Es gehe darum, die »Fundamente für ein neues technologisches Zeitalter« zu legen, sagt Scholz. Weil dabei die Schuldenbremse im Weg ist (die nach dem Ende der Coronakrise wieder greift), hat sich die Ampel einen Trick einfallen lassen. Man könnte ihn als Operation Eichhörnchen bezeichnen. Für das vergangene Jahr waren im Haushalt 240 Milliarden Euro an Krediten vorgesehen. Davon werden aber nur 180 Milliarden Euro benötigt. Die übrigen 60 steckt die Regierung als Vorrat in einen Fonds für den Klimaschutz. Der kann dann in den kommenden Jahren für die Finanzierung von Klimaprojekten herangezogen werden.

Scholz erzählt in diesem Zusammenhang gerne davon, dass bei Betriebsbesichtigungen die Chefs der großen Unternehmen oder der Gewerkschaften sich für mehr Klimaschutz aussprechen, weil auf dem Weltmarkt der Zukunft die Klimaneutralität ein Wettbewerbsvorteil sein dürfte. Wie man sich das im Kanzleramt konkret vorstellt, zeigt das Thema Wasserstoff. Im Wahlkampf hat sich Scholz im Duisburger Werk von Thyssen-Krupp erklären lassen, wie sich klimaneutral Stahl herstellen lässt. Stahl wird heute im Prinzip noch so produziert wie vor 200 Jahren. In einem mit Kohle betriebenen Hochofen wird dem Eisenerz der Sauerstoff entzogen. Es entsteht flüssiges Roheisen, aber auch Kohlendioxid. Statt Kohle kann im Prinzip auch Wasserstoff verwendet werden, dann fiele weniger Kohlendioxid als Abfallprodukt an. Es gibt allerdings im Moment noch nicht genug Wasserstoff. Und auch noch nicht genug Anlagen für den umweltfreundlichen Stahl. Der Betriebsratschef von Thyssen-Krupp hat Scholz bei seinem Besuch erklärt, was er von der Politik erwartet: Erstens: mehr Geld für den Bau der Anlagen und die im Vergleich mit dem Kohlestahl höheren Betriebskosten. Zweitens: mehr staatliche Förderung der Wasserstoffherstellung. Damit es bald überall in Deutschland so läuft wie im bayerischen Wunsiedel. Dort wird eine Elektrolyseanlage errichtet, die jährlich 1350 Tonnen Wasserstoff herstellen soll. Bei der Elektrolyse wird Wasser mit Hilfe von – idealerweise grüner – Energie in Wasserstoff und Sauerstoff umgewandelt. Erbaut wird die Anlage von der Kraftwerkstochter des Siemens-Konzerns. Den Kraftwerksbauern drohten wegen des Kohleausstiegs die Aufträge auszugehen, also überlegten sie sich etwas Neues. Und ob man nun ein Kohlekraftwerk zusammenschweißt oder eine Elektroanalyseanalage, macht dann auch keinen so großen Unterschied. Weniger Kohlendioxid, mehr Jobs – genau so stellt sich Scholz die Klimawende vor. Im Koalitionsvertrag gibt es ein eigenes Kapitel zum Thema Wasserstoff. Die Ampel will die Wasserstoffproduktion fördern und neben dem Stromnetz ein Wasserstoffnetz bauen. Denn es geht ja nicht nur um den Stahl. Wenn alles gutgeht, könnte das Gas aus Sicht der Regierung überall zum Einsatz kommen: In der Bahn, beim Heizen, in der Luftfahrt. Gleichzeitig sollen die heimischen Unternehmen vor der Konkurrenz aus dem Ausland geschützt werden, wenn sie ihre Produktionsanlagen auf die zunächst noch teurere Technologie umstellen. Die Aussicht auf eine Klimawende ohne Verzicht kommt – kein Wunder – sowohl im Arbeitgeberlager wie im Arbeitnehmerlager gut an. Aus Sicht des Deutschen Gewerkschaftsbunds (DGB) ist ein CO_2-Preis nur »ein Baustein« der Energiewende. Viel wichtiger sei, dass der Bund zügig eine »sozialökologische Investitionsoffensive« voranbringe. Und der Verband der Maschinen- und Anlagenbauer (VDMA) lobt das »Verständnis für industrielle Transformation und Wettbewerbsfähigkeit« bei den Ampelpartnern.

Es gibt bei Scholz zwei Begründungsmuster für diesen Ansatz. Ein sachlogisches und ein politisches. Das sachlogische sieht so aus: Deutschland kann alleine den Klimawandel ohnehin nicht stoppen. Der deutsche Anteil an den globalen Treibhausgasemissionen beläuft sich auf zwei Prozent. Die USA sind für 13,9 Prozent der Treibhausgase verantwortlich, China sogar für 29,7 Prozent. Um es konkret zu machen: Weltweit wurden im Jahr 2018 nach amtlichen Angaben 37,9 Milliarden Tonnen Kohlendioxid emittiert. Davon entfallen 753 Millionen Tonnen auf Deutschland. Wenn hierzulande von heute auf morgen alle Fabriken stillgelegt, alle Autos aus dem Verkehr gezogen würden und Flugzeuge auf dem Boden blieben, dann gelangten rechnerisch statt 37,9 Milliarden Tonnen eben 37,1 Milliarden Tonnen CO_2 in die Atmosphäre. An der Entwicklung des Weltklimas dürfte das nicht sonderlich viel ändern. Neue Technologien können da schon mehr bewegen – wenn sich diese Technologien international verbreiten. Dafür gibt es Beispiele. Als nach der Jahrtausendwende in Deutschland die alternativen Energien erstmals systematisch staatlich gefördert wurden, war es für Unternehmen plötzlich lukrativ, in die Massenproduktion von Solarzellen einzusteigen. Dadurch fielen die Kosten rasant, und andere Länder investierten ebenfalls in den Aufbau einer Solarindustrie. Heute dominieren chinesische Unternehmen den Weltmarkt für Solarzellen. Das ist oft als wirtschaftspolitisches Versagen beschrieben worden, weil in Deutschland Arbeitsplätze weggefallen sind. In Wahrheit handelt es sich unter Emissionsgesichtspunkten um einen der größten Erfolge der deutschen Klimapolitik, denn dank der Billigware aus China ist Sonnenstrom oft günstiger als konventionell erzeugter Strom. Sozialdemokratische Klimapolitik heißt für Scholz also auch: Deutschland entwickelt klimaschonende Technologien, die in anderen Ländern übernommen werden. Dadurch sinken auch dort die Treibhausgasemissionen. Der Vorteil: In den Zukunftsbranchen werden idealerweise jede Menge neue Stellen geschaffen.

Scholz will noch über einen zweiten Kanal andere Länder für den Klimaschutz gewinnen. Das Vorhaben erinnert an die Einführung der Mindeststeuer und geht auf ein im Finanzministerium ausgearbeitetes Positionspapier zurück. Es wird am 25. August 2021 im Bundeskabinett verabschiedet und trägt den Titel »Eckpunkte eines kooperativen und offenen Klimaclubs«. In seiner Regierungserklärung nimmt Scholz die Grundgedanken des Papiers wieder auf. Die Idee: Deutschland ist auf vielfältige Weise mit dem Rest der Welt verflochten. Auch China produziert Stahl, er wird hier etwa zu Maschinen weiterverarbeitet. Die Komponenten für in Deutschland gefertigte Fahrzeuge kommen ebenfalls häufig aus dem Ausland. Über diese Handelsverbindungen könnte Deutschland auch eine Minderung der Emissionen in anderen Teilen der Welt anstoßen. Dazu wäre ein sogenannter Grenzausgleichsmechanismus nötig. Es handelt sich dabei um eine Art Klimazoll, der auf Einfuhren aus Ländern mit weniger strengen Klimavorgaben erhoben werden kann. Weil die Europäische Kommission in Brüssel für Zollfragen zuständig ist, müsste ein solcher Zoll gesamteuropäisch eingeführt werden. In der Praxis würde das ungefähr so laufen: Gelangt bei der Herstellung von chinesischem Kohlestahl mehr CO_2 in die Atmosphäre als bei der Produktion von deutschem Wasserstoffstahl, dann müssen die chinesischen Exporteure eine Abgabe entrichten, wenn sie ihre Stahlträger nach Europa liefern wollen. Ausländische Unternehmen mit schlechter Umweltbilanz erhalten einen Anreiz, ihre Anlagen auf eine klimaschonende Produktionsweise umzustellen, weil sie sonst keinen Zugang mehr zu ihren Kunden in Europa hätten – und die europäischen Firmen wären vor der klimaschädlich produzierenden Billigkonkurrenz aus dem Ausland geschützt.

Der Clou an diesem Ansatz: Die EU würde gewissermaßen die Marktmacht ihrer fast 500 Millionen Verbraucher nutzen, um die international vereinbarten Klimaziele zu erreichen. Der europäische Binnenmarkt ist nämlich für viele Länder einer der wichtigsten Exportmärkte. Das gilt für eine Reihe von afrikanischen Staaten, aber auch für Schwergewichte wie China oder Indien. Die chinesischen Exporte in die EU beispielsweise beliefen sich 2020 auf 383 Milliarden Euro, das sind etwa 15 Prozent der gesamten Ausfuhren des Landes. Die Reichweite einer solchen Allianz ließe sich durch Bündnisse weiter erhöhen. Ein transatlantischer Klimaclub mit den USA käme auf ein Emissionsvolumen von rund 9 Milliarden Tonnen – oder fast 25 Prozent des weltweiten Ausstoßes von Kohlendioxid. Für den Rest der Welt wäre es dann noch schwerer, sich den verschärften Vorschriften zu entziehen. In dem gemeinsamen europäisch-amerikanischen Markt würde fast die Hälfte der weltweiten Wirtschaftsleistung erzeugt. Im Kabinettsbeschluss heißt es, dass die Teilnahme grundsätzlich allen Ländern offenstehe, die sich »nach ihren Möglichkeiten zu entsprechenden Zielen und Maßnahmen« verpflichten.

Ein solcher Klimaclub wäre auch ein Bruch mit der bisherigen Klimadiplomatie. Die zeichnet sich vor allem dadurch aus, dass die Staaten auf internationalen Konferenzen so lange verhandeln, bis sich alle einig sind. Das funktioniert aber immer weniger, weil die Vereinbarungen entweder mit Blick auf die Klimaziele nicht ambitioniert genug sind oder weil sich niemand an die Vorgaben hält. Es gibt auch keine Weltregierung, die in einem solchen Fall eine Weltpolizei losschicken könnte, um die Klimasünder auf Linie zu bringen. Mit Blick auf das Klima sind die Interessengegensätze wahrscheinlich einfach zu groß. Ländern wie Indien oder China ist das Wirtschaftswachstum im Zweifel wichtiger als der Klimaschutz. Das war bei der letzten Klimakonferenz in Glasgow zu besichtigen, wo zwar der Ausstieg aus der Kohle beschlossen wurde, aber auf Druck der großen Schwellenländer ohne ein konkretes Zieldatum. Deren Haltung ist historisch betrachtet sogar nachvollziehbar. Schließlich verschmutzen Industrienationen wie Deutschland und Großbritannien seit Jahrhunderten die Atmosphäre, und noch heute sind die Emissionen pro Kopf gerechnet in Deutschland höher als in China. Das ändert aber nichts daran, dass sich der Klimawandel ohne einen Beitrag der großen Verschmutzer – ob freiwillig oder erzwungen – nicht stoppen lässt. In der Praxis wären einige nicht ganz triviale Fragen zu klären: Wie lässt sich verhindern, dass die Chinesen auf den Klimazoll ihrerseits mit Zöllen reagieren? Ist ein Grenzausgleich mit den Welthandelsregeln in Einklang zu bringen? Doch im Kern würde ein Klimaclub die Kooperationsmethode der Mindeststeuer auf die Klimapolitik übertragen: Es müssen nicht immer alle in allem übereinstimmen. Wenn die wirtschaftsstarken Länder voranschreiten, müssen andere Staaten nachziehen. Sonst verlieren sie den Anschluss. Scholz hält aus diesem Grund nicht viel von nationalen Alleingängen beim Klimaschutz. Dazu steht er auch. Im September 2021 spricht er mit Klimaaktivisten, die im Regierungsviertel in Hungerstreik getreten waren, um auf die Defizite beim Klimaschutz aufmerksam zu machen. Nach dem Gespräch nehmen einige wieder Nahrung zu sich, zwei machen weiter. Sie verweigern auch die Aufnahme von Flüssigkeit, bis Scholz zusagt, öffentlich mit ihnen zu diskutieren. Die Veranstaltung findet im November 2021 in den Räumen der Friedrich-Ebert-Stiftung statt. Sie verläuft alles andere als harmonisch. Die Aktivisten werfen Scholz vor, zu wenig zu tun, um den Klimawandel aufzuhalten. Scholz erklärt, was er schon alles auf den Weg gebracht habe und warum es sich beim Klimaschutz um ein vielschichtiges Problem handele, das sich nur international lösen lasse. Er sagt das nicht nur so. Er glaubt daran. Und er sieht sich damit in der Tradition Helmut Schmidts. In seiner Trauerrede für diesen erklärte Scholz,

Schmidt stehe für einen »Politikstil der vielen kleinen Schritte, der bis heute Regierungen ganz unterschiedlicher politischer Couleur« präge. Und weiter: »Die Vorstellung, dass sich unsere Gesellschaft auf diese Weise nachhaltig verbessern lässt, ist zutiefst demokratisch und einer dynamischen Moderne mehr als angemessen.«

Weil der Investitionsbegriff der Schlüssel für das Verständnis der Klimapolitik von Olaf Scholz ist, lohnt es sich, etwas ausführlicher darauf einzugehen. Eine staatliche Investitionsausgabe unterscheidet sich von einer staatlichen Konsumausgabe dadurch, dass sie Werte schafft: Straßen, Brücken, Schulgebäude oder eben Windräder und Stromtrassen. Das ausgegebene Geld verschwindet also nicht einfach, sondern taucht gewissermaßen in Material verwandelt wieder auf. Deshalb muss den Kosten einer Investition immer auch ihr Nutzen entgegengestellt werden. Das wird in der öffentlichen Diskussion oft übersehen. Es gibt zwar in Berlin eine sogenannte Schuldenuhr, die den Wert aller Verbindlichkeiten von Bund, Ländern und Gemeinden anzeigt. Es gibt aber keine Vermögensuhr, auf der sich der Wert aller Straßen, Brücken, Schulgebäude, Windräder oder Stromtrassen ablesen ließe. Weil eine Investition diese Werte schafft, kann es durchaus sinnvoll sein, sie durch die Aufnahme von Schulden zu finanzieren. Dem Kredit stünde dann ein Vermögensgegenstand entgegen, der möglicherweise auch noch eine Rendite abwirft. Damit könnten dann die Schulden wieder zurückgezahlt werden. Ein Beispiel dafür wäre der kreditfinanzierte Neubau einer Bahnstrecke. Das Darlehen würde mit den Einnahmen aus dem Fahrscheinverkauf getilgt werden. Im Zentrum der nun von der Ampel geplanten Investitionsoffensive steht die Stromversorgung. Nach Berechnungen der Regierung wird der Strombedarf im Jahr 2030 zwischen 680 und 750 Terawattstunden betragen, das sind mindestens 120 Terawattstunden mehr als heute. Die Lücke entspricht ungefähr dem heutigen Stromverbrauch der Niederlande. Und 80 Prozent des Bedarfs sollen aus erneuerbaren Energieträgern gedeckt werden. Dafür ist nun Wirtschaftsminister Robert Habeck zuständig. Er muss dafür sorgen, dass noch Strom aus der Steckdose kommt, wenn alle Kohlekraftwerke abgeschaltet sind. Deshalb will er zum Beispiel die Menge an Windstrom innerhalb von acht Jahren vervierfachen.

So weit die Theorie. In der Praxis ist alles ein wenig komplizierter. Erst einmal geht es um sehr viel Geld. Experten beziffern den öffentlichen Investitionsbedarf in Deutschland in den kommenden zehn Jahren auf rund 600 bis 800 Milliarden Euro. Dieser Betrag wäre also nötig, wenn die Klimaziele erreicht werden sollen. Insofern würden die von der Ampel mobilisierten 60 Milliarden Euro nicht ausreichen. Olaf Scholz müsste also spätestens in seiner zweiten Legislaturperiode – wenn er denn wiedergewählt wird – weitere Geldquellen anzapfen. Und das ginge wahrscheinlich nicht ohne eine Reform der Schuldenbremse im Grundgesetz.

Hinzu kommt: Es dauert, bis die Infrastruktur eines Landes erneuert ist. Und in Deutschland dauert es oft besonders lange. Beispiel Bahn: Eine der ältesten und am stärksten befahrenen Eisenbahnstrecken verläuft zwischen Karlsruhe und Basel – die Rheintalbahn. Im Moment nutzen mehr als 300 Züge die Gleise – Tendenz steigend. Die Rheintalbahn ist Teil einer Verkehrsachse, die von Rotterdam nach Genau verläuft. Über sie werden Güter von der Nordsee ans Mittelmeer transportiert. Seit 1987 wird die Strecke ausgebaut, damit mehr Verkehr über die Verbindung geführt und die Reisegeschwindigkeit erhöht werden kann. Die Fertigstellung ist für 2041 geplant, das wäre dann insgesamt eine Bauzeit von ungefähr einem halben Jahrhundert. Und bis 2045 soll Deutschland klimaneutral sein, so steht es jedenfalls im Klimagesetz der letzten Bundesregierung. Anderswo im Land sieht es nicht viel besser aus. Die Rheinüberquerung bei Leverkusen ist seit zehn Jahren nur eingeschränkt nutzbar. Für den Neubau der beschädigten Talbrücke der A 45 bei Lüdenscheid wurden fünf Jahre veranschlagt, Italien baute die 2018 spektakulär eingestürzte Autobahnbrücke in der Nähe von Genua in zwei Jahren wieder auf. Und der Berliner Flughafen spielt bauzeittechnisch ohnehin in einer eigenen Liga. Einige der Gründe für die Verzögerungen beim Ausbau der Infrastruktur sind politischer Natur, was in diesem Fall eine gute Nachricht ist, weil es bedeutet: Man kann etwas dagegen tun. So erweist sich der Föderalismus oft als Investitionsbremse. Der Bund darf beispielsweise erst seit einer Grundgesetzänderung durch die letzte Große Koalition überhaupt die Schulen finanzieren. Das war vorher allein Ländersache. Und: Die Bauämter, die Genehmigungsstellen und die Aufsichtsbehörden sind nach vielen Sparrunden oft personell ausgezehrt und technologisch abgehängt. Somit ist der Investitionsstau auch eine Folge der Kürzungspolitik während der Agendajahre. Wenn vor lauter Bürokratieabbau die Bürokratie nicht mehr funktioniert, dann ist eben nichts gewonnen.

Windräder haben überdies die unangenehme Eigenschaft, dass sie nicht in der Luft schweben, sondern irgendwo stehen müssen. Und in einem dichtbesiedelten Land wie Deutschland bedeutet das fast immer: In der Nähe des Standorts wohnen Menschen. Derzeit werden rund 3100 Quadratkilometer für die Windenergie genutzt. Das entspricht fast der Größe der Ferieninsel Mallorca und etwa 0,9 Prozent der Gesamtfläche der Bundesrepublik. Um die Klimaziele zu erreichen, müssen es zwei Prozent werden. Das ist für die neue Regierung eine enorme Herausforderung, denn schon heute werden viele Infrastrukturprojekte durch Einsprüche und Klagen von Anwohnern verzögert oder sogar gestoppt. Gerade die Gegner von Windrädern sind häufig gut organisiert. Bei den Gegnern handelt es sich nicht nur um besorgte Bürger. Naturschützer wehren sich äußerst professionell und hartnäckig gegen Windkraftanlagen, weil immer wieder Vögel in den Rotoren verenden. Der Widerstand gegen Neubauten ist ein fester Bestandteil gesellschaftlicher Modernisierungsprozesse. Im Jahr 1988 wollte die britische Regierung in den ländlichen Gegenden Großbritanniens neue Baugebiete ausweiten, um die Wohnungsnot zu lindern. Als die Betroffenen gegen die Pläne protestierten, warf ihnen der damalige Umweltminister Nicholas Ridley vor, sich aus purem Egoismus gegen eine gesellschaftlich dringend notwendige Maßnahme zu stellen. Er nannte sie verächtlich Nimbys, nach der englischen Abkürzung für *not in my backyard,* nicht in meinem Hinterhof. Deutschland ist ein Land der Nimbys. Die Ampel hat das Problem erkannt. Genehmigungsverfahren sollen vereinfacht, modernisiert und digitalisiert werden. Die Bürger sollen früher an den Planungen beteiligt werden, damit mögliche Einsprüche schneller abgearbeitet werden können. Habeck will auch die Kommunen stärker an den Gewinnen der Windkraftbetreiber beteiligen – in der Hoffnung, dass dann der Widerstand gegen neue Windräder auflöst. Ob das funktioniert, ist offen, und wenn Wasserstoff am Ende mit dem Strom aus Gaskraftwerken erzeugt werden muss, wäre für die Energiewende nicht viel gewonnen.

Und selbst wenn es gelingen sollte, genug Windräder und Stromtrassen zu genehmigen: Irgend jemand muss diese Dinge bauen. Das klingt banal, offenbart aber ein fundamentales

Dilemma der Klimapolitik. Die Energiewende wird in der öffentlichen Debatte oft als monetäres Problem behandelt: Wenn nur genug Geld mobilisiert wird, dann ist der Weg in eine fossilfreie Zukunft ohne Verzicht frei. So einfach ist es aber nicht. Ohne Geld geht nichts, aber Geld baut noch keine Windräder, beziehungsweise nur unter ganz bestimmten Voraussetzungen. Die wichtigste: Es gibt in der Volkswirtschaft ungenutzte Ressourcen, also zum Beispiel Menschen, die gerne arbeiten würden, aber keinen Job finden. In einem solchen Fall kann Geld diese Ressourcen gewissermaßen aktivieren. Wenn der Staat ein Windrad finanziert, dann gibt er den Arbeitslosen eine Beschäftigung. Statt nicht zu arbeiten, würden sie das Windrad bauen. Und dafür einen Lohn erhalten. Unter diesen Voraussetzungen muss tatsächlich niemand auf etwas verzichten. Im Gegenteil: Es würde Wohlstand geschaffen. Zumindest wenn man annimmt, dass die Arbeitslosen nicht freiwillig arbeitslos sind, sondern eigentlich gerne eine Arbeit aufnehmen. Die bisher unterausgelasteten volkswirtschaftlichen Kapazitäten würden durch die zusätzlichen staatlichen Investitionen gewissermaßen voll ausgelastet. Mit dem ausgegebenen Geld werden Werte geschaffen, die vorher nicht da waren. Ein wenig ist das wie im Märchen vom Baron Münchhausen, der sich an seinen eigenen Haaren aus der Misere zieht. Nur dass das im Kapitalismus wirklich funktionieren kann.

Diese Logik greift aber nicht mehr, wenn bereits alle oder fast alle potenziellen Arbeitnehmer in einer Volkswirtschaft eine Arbeit haben. Denn dann könnte die Windradfirma ihr Windrad nur in Betrieb nehmen, wenn sie einem anderen Unternehmen die Arbeitskräfte abwirbt. Zum Beispiel einem Bauunternehmen. Wenn der Staat in einem solchen Fall ein Windrad finanziert, dann können möglicherweise weniger Wohnhäuser

Zusammenhänge machen deutlich, weshalb Scholz das Thema Arbeit so sehr in den Mittelpunkt seiner Politik stellt.

Es ist aber offen, ob seine Rechnung aufgeht. Denn in dieser Dekade gerät die Politik von zwei Seiten unter Druck. Einerseits sind die Investitionsnotwendigkeiten enorm, wenn die Klimaziele erreicht werden sollen. Andererseits beginnt die heiße Phase des demographischen Wandels. Im Jahr 2022 werden 300 000 mehr Personen in Ruhestand gehen als in den Arbeitsmarkt eintreten. Bis zum Jahr 2030 summiert sich diese Lücke auf fünf Millionen Menschen. Die Vorstellung, über mehr Investitionen könne der Klimawandel sozusagen im Schongang und ohne Zumutungen bekämpft werden, könnte sich also als Illusion erweisen. Der Verzicht würde zwar nicht direkt durch Verbote oder Regularien erzwungen, wie es bei einer höheren Kohlendioxidabgabe oder einem Tempolimit der Fall wäre. Aber weil die volkswirtschaftlichen Ressourcen verstärkt für die Produktion von Investitionsgütern verwendet würden, könnten indirekt weniger Konsumgüter hergestellt werden. Das würde bedeuten: So wie man sich aus einer Wirtschaftskrise nicht einfach heraussparen kann (weil eine Kürzung der Ausgaben den Abschwung noch verschärft), könnte man sich aus einer Klimakrise nicht einfach herausinvestieren (weil die dafür nötigen Ressourcen nicht mehr für andere Zwecke zur Verfügung stehen).

Das ist für die Klimapolitik von Olaf Scholz ein Dilemma, weil seine Vorgehensweise auch eine politische Dimension hat. Ihr Ursprung liegt in der Respekterzählung des Kanzlers. Scholz ist davon überzeugt, dass eine Spaltung der Gesellschaft nur vermieden werden kann, wenn den Menschen mit Respekt begegnet wird. Wenn sie mehr Zuwendung, mehr Augenhöhe, weniger Herablassung erfahren. Und wenn sie nicht das Gefühl haben, übergangen zu werden. Für Scholz geht es dabei um etwas Grundsätzliches: Aus seiner Sicht ist der gesellschaftliche Zusammenhalt die Voraussetzung dafür, dass die industrielle Transformation mit allen ihren Folgeerscheinungen für das Alltagsleben gelingen kann. Denn wenn der gesellschaftliche Rückhalt weg ist, dann ist irgendwann auch die Macht weg. Und ohne Macht keine Politik.

Diese Sichtweise geht von der Annahme aus, dass die Demokratie ohne ein hohes Maß an Übereinstimmung unter den Staatsbürgern nicht funktioniert. Weil die im demokratischen Prozess Unterlegenen sonst das System als solches in Frage stellen würden. Wenn dieses Gefühl der Übereinstimmung nicht da sei, dann könne man als Wähler »eins zu einhundert überstimmt werden« und sehe »dennoch keinerlei Veranlassung, das Ergebnis anzuerkennen«, wie es der israelische Historiker Yuval Harari formuliert. Demokratische Wahlen dienen deshalb aus seiner Sicht dazu, Streitigkeiten zwischen solchen Menschen zu schlichten, »die sich in Bezug auf die absoluten Grundsatzfragen bereits einig sind«. Die Demokratie wäre in dieser Sichtweise letztlich eine Schönwetterveranstaltung, die mit existenziellen Meinungsverschiedenheiten nicht richtig umgehen kann.

Das wird aber zum Problem, wenn es regnet. Wenn es also um existenzielle Dinge geht und trotzdem gehandelt werden muss. Olaf Scholz hat in diesem Zusammenhang in einem Interview einmal davor gewarnt, dass eine Anhebung des Preises für den Ausstoß von Treibhausgasen die Menschen überfordern könne, die auf ihr Auto angewiesen seien, weil sie »eben nicht im Szeneviertel einer Großstadt leben und mit dem Fixie-Fahrrad zum Co-Working-Space radeln können«, sondern in einer strukturschwachen Region ohne guten Nahverkehr. Man könnte im Sinne der Ausführungen in diesem Kapitel ergänzen: So wie der

Ausbau der Windenergie die Menschen überfordern könnte, die in der Nähe eines Windrads leben oder länger auf eine Wohnung warten müssen, weil die Bauarbeiter gerade für die Energiewende gebraucht werden. Aber was folgt daraus? Muss dann die Verkehrswende abgesagt werden? Und darf dann das Windrad nicht gebaut werden?

Möglicherweise hilft in dieser Situation ein Theoriewechsel. Denn wenn die Gesellschaft nicht als organische Einheit, sondern als Ansammlung divergierender Interessen begriffen wird, eröffnen sich politische Handlungsspielräume. Dann wäre das Land nämlich immer schon gespalten: In Arm und Reich, Ost und West, Jung und Alt, Mann und Frau. So gesehen könnten Politiker auch nicht mehr nur die ausführenden Organe eines vermeintlichen Volkswillens sein. Denn wessen Wille soll das sein? Der Armen oder der Reichen? Der Jungen oder der Alten? Und manchmal haben Regierungen womöglich das Recht und vielleicht sogar die Pflicht, »der Gesellschaft, die sie repräsentieren, entgegenzutreten«, wie es der Rechtswissenschaftler Christoph Möllers formuliert. Das wäre zum Beispiel der Fall, wenn der vermeintliche oder wirkliche Wille des Volkes sich nicht mit der objektiven Realität in Einklang bringen lässt. Die Erde dreht sich um die Sonne. Die Coronaimpfung schützt vor schweren Krankheitsverläufen. Der Klimawandel ist Realität. Darüber muss man nicht mehr diskutieren. Oder wenn sich ein politischer Kurs aus der Sache heraus gut begründen lässt. Die Geschichte der Bundesrepublik ist schließlich eine Geschichte von Entscheidungen, die einem Teil des Volkes nicht passten. Das gilt nicht nur für den Nato-Doppelbeschluss, gegen den Olaf Scholz selbst einst demonstriert hat. Die Einführung des Euro war umstritten, selbst die Wiedervereinigung stieß zumindest im Westen nicht überall auf Zustimmung. Man ahnte, dass es teuer werden würde. Und das wurde es auch. Trotzdem hat Helmut Kohl den Euro eingeführt und die Wiedervereinigung durchgesetzt.

In diesem Zusammenhang zeigen Formulierungen wie die vom Fixie-Fahrrad und dem Co-Working-Space möglicherweise genau die Falle, in die auch Hillary Clinton getreten ist. Clinton hat mit ihrer Herabwürdigung der Trump-Wähler den damaligen amerikanischen Präsidentschaftswahlkampf kulturell aufgeladen. Nicht mehr die materielle Benachteiligung vieler Amerikaner war nun das Thema, sondern Rasse, Religion, sexuelle Orientierung. Auch das Fixie-Fahrrad und der Co-Working-Space stehen für eine vermeintlich abgehobene urbane Lebensweise, also ein kulturelles Phänomen. Dabei ist es eigentlich unerheblich, mit welchen Fahrrädern die Städter zur Arbeit kommen. Und was die Landbewohner davon halten. Die Frage wäre vielmehr, wie alle einigermaßen bequem und zuverlässig zur Arbeit kommen. Es geht bei der Mobilitätswende schließlich um das Klima. Und nicht um einen Kulturkampf.

Der Klimaschutz ist in seinem Kern ohnehin eine zutiefst materielle Angelegenheit – zumindest wenn die These stimmt, dass die anstehenden Veränderungen in Wirtschaft und Gesellschaft nicht ganz ohne Zumutungen durchgesetzt werden können. In diesem Fall wäre die entscheidende Frage nämlich nicht, ob verzichtet werden muss, sondern wer verzichtet: die, die viel haben, oder die, die wenig haben. Und wenn es nicht Letztere sein sollen, dann sind möglicherweise weitergehende Maßnahmen nötig, als sie die Ampel derzeit plant – und als sie auch Scholz im Moment für angemessen hält. Man kann darauf hoffen, dass, wenn alle kräftig anpacken, schon bald mit Wasserstoff betriebene Jumbos aufsteigen oder die Bahn in vier Stunden von Berlin nach Wien fährt. Aber was, wenn nicht?

Dann müssten Alternativen her. Man könnte zum Beispiel darüber nachdenken, den Zugang zu Gütern und Dienstleistungen nicht mehr allein über den Preis zu regeln, damit nicht automatisch immer die Menschen mit wenig Geld zu den Verlierern von Klimaschutzprogrammen gehören. Um beim Beispiel Fliegen zu bleiben: Es wäre vorstellbar, dass jeder ein Jahresbudget an Flügen zugeteilt bekommt. Wer öfter fliegen will, muss beim Ticketkauf einen Aufpreis zahlen. Das ist erst einmal ein Gedankenexperiment, sollte es umgesetzt werden, wären viele Fragen zu klären – etwa ob es Ausnahmen geben sollte für Geschäftsleute. Und welche unerwünschten Nebenwirkungen es möglicherweise mit sich bringt, wenn der Preismechanismus als wirtschaftliches Koordinationsinstrument teilweise ausgehebelt wird. Der Punkt ist: Sofern es nicht gelingt, ausreichend Emissionen durch den technologischen Fortschritt einzusparen, rücken Verteilungsfragen noch stärker als bisher in den Vordergrund. Denn was die ökologische von der industriellen Revolution unterscheidet: Die Natur ist als Verhandlungspartner unerbittlicher als der Fabrikant. Einmal in die Atmosphäre gelangtes Kohlendioxid lässt sich zumindest mit den derzeitigen technischen Möglichkeiten nicht wieder einfangen. Und eine ausgestorbene Art kommt nicht wieder. Nie mehr.

Scholz hat in seiner Regierungserklärung gesagt, die neue Koalition werde es sich nicht gefallen lassen, »dass eine winzige Minderheit versucht, unserer gesamten Gesellschaft ihren Willen aufzuzwingen«. Er meinte damit die Querdenker und Coronakritiker, doch der Satz könnte ein Schlüsselsatz seiner Amtszeit werden. Denn manchmal braucht es klare Ansagen. Scholz würde sagen: Führung. Das funktionierte natürlich nicht, wenn 90 Prozent der Deutschen gegen den Klimaschutz wären. Dann würde sich dieser nur mit diktatorischer Gewalt durchsetzen lassen. Aber wenn es nur zehn oder zwanzig Prozent sind, sieht die Sache vielleicht schon ein wenig anders aus. In der Coronakrise trafen die staatlichen Schutzmaßnahmen bei der großen Mehrheit der Deutschen zumeist auf Zustimmung. Die Coronaleugner waren nicht mehr, sie waren nur lauter. Und das ist eine Herausforderung für den politischen Diskurs. Als während der Pegida-Proteste in Dresden die Menschen gegen Angela Merkels Flüchtlingspolitik auf die Straße gingen, wurde das auch als Gefahr für den gesellschaftlichen Zusammenhalt verstanden. Doch bei Pegida waren in den besten Zeiten rund 25 000 Leute unterwegs, das sind etwa 0,03 Prozent der deutschen Gesamtbevölkerung. Allein Berlin-Prenzlauer Berg hat fast sechsmal so viele Einwohner. Und niemand spricht von einer Spaltung der Gesellschaft in Prenzlauer-Berg-Bewohner und Nicht-Prenzlauer-Berg-Bewohner.

Vielleicht ist das die Lehre aus Coronakrise, auf die sich Scholz bezieht: Eine Demokratie darf nicht zur Tyrannei der Mehrheit werden, aber auch nicht zu einer Tyrannei der Minderheit. Das gilt umso mehr, als Mehrheiten und Minderheiten sich ändern können. Denn politische Einstellungen sind keine festen Quantitäten. Sie werden durch Debatten beeinflusst. Wähler können überzeugt werden. Wenn man es versucht. Das beste Beispiel dafür ist die Debatte über die europäische Schuldenpolitik (siehe auch Kapitel 8). In der Euro-Krise galt eine Zustimmung zu einer gemeinsamen europäischen Kreditaufnahme schon fast als Landesverrat. Damals war von griechischen Luxusrentnern die Rede, die sich auf Kosten der deutschen Steuerzahler ein schönes Leben machen. Regierungspolitiker argumentierten mit Statistiken, wonach die Griechen im Jahr 2015 schon mit 56,3 Jahren in Rente gingen. Das war damals schon falsch, die Zahl bezog sich auf das erwartete Renteneintrittsalter im öffentlichen Dienst. Tatsächlich schieden die griechischen Arbeitnehmer im Schnitt mit 61,8 Jahren aus dem Arbeitsmarkt aus, deutsche mit 62,8. Es passte aber in das Narrativ von den faulen Griechen und den fleißigen Deutschen und trug dazu bei, dass die Rettungsprogramme in der Bevölkerung umstritten waren. In der Coronakrise hingegen argumentierte die Regierung, dass Hilfspakete für andere europäische Länder im deutschen Interesse seien, weil sonst der europäische Binnenmarkt in Gefahr sei. Ergebnis: Im Sommer 2020 stellte die Mannheimer Forschungsgruppe Wahlen die Frage, ob es richtig sei, dass die Europäische Union im Zuge der Coronakrise erstmals Schulden aufnehmen will, um ihre Ausgaben zu finanzieren. Mehr als zwei Drittel der Umfrageteilnehmer antworteten mit Ja.

8
Pannen

Wenn man am 7. Juli 2017 in Hamburg von der Innenstadt aus zur Elbphilharmonie wollte, musste man in ein Boot steigen, das an den Landungsbrücken auf Gäste wartete. Im Schiffsinneren war eine Bar eingerichtet, in der es zwei Drinks zur Auswahl gab. Einer war grün eingefärbt, der andere rot. In der Elphi – wie man das Bauwerk in der Stadt liebevoll nennt – wurde an diesem Abend ein Konzert anlässlich des G20-Gipfels gegeben. Im Publikum unter anderem: Angela Merkel, Donald Trump, Emmanuel Macron, Wladimir Putin, Xi Jinping – und Olaf Scholz. Während die mächtigsten Männer und Frauen der Welt Beethovens berühmte Neunte Symphonie zu hören bekamen, versank draußen Hamburg im Chaos, weil die Proteste gegen die Großveranstaltung eskalierten. Man kann die Getränkeauswahl als eine Anspielung auf den Film »Matrix« aus dem Jahr 1999 sehen. Darin wird eine dystopische Zukunft gezeigt, in der Maschinen die Kontrolle übernommen haben. Die Menschen werden in gigantischen Zuchtfarmen gehalten und produzieren mit ihrer Körperenergie den Strom für die Roboter. Damit sie nicht aufbegehren, haben die Maschinen eine virtuelle Realität geschaffen, die dem Leben auf der Erde gleicht. Nur ein kleines Häufchen Partisanen hat den Schwindel durchschaut und leistet Widerstand. Der Programmierer Neo – gespielt von Keanu Reeves – findet heraus, dass etwas nicht stimmt, und wird vor dem Partisanenführer vor die Wahl gestellt: Nimmt er die rote Pille, wird er aus der Matrix entfernt und sieht die Welt, wie sie wirklich ist. Nimmt er die blaue, vergisst er alles und kehrt zu seinem früheren Leben zurück.

Für Olaf Scholz war es ein wenig so, als habe er an diesem Tag die rote Pille genommen. Der Traum von einem friedlichen Gipfel der Nationen gerät zum Albtraum. Scholz, der das »ordentliche Regieren« zum Grundsatz seiner Bürgermeisterjahre gemacht hatte, musste zusehen, wie ihm die Kontrolle über seine Stadt entglitt. Die Bilanz des Gipfels sieht folgendermaßen aus: mehr als 200 verletzte Polizisten, zahlreiche verletzte Demonstranten. Der Gesamtverband der Deutschen Versicherungswirtschaft schätzte den Schaden an privaten Fahrzeugen, Häusern und Gewerbebetrieben auf zwölf Millionen Euro. Dazu kommen noch nicht versicherte Schäden, für die ein Härtefallfonds eingerichtet wurde. In einigen Straßen der Hauptstadt sah es nach der Krawallnacht aus wie in einem Krisengebiet. Im alternativen Schanzenviertel wurden Barrikaden errichtet und angezündet, die im Schutz von Wasserwerfern anrückende Polizei wurde mit Steinen und Flaschen beworfen und musste sich zurückziehen. Läden wurden geplündert, eine Sparkassenfiliale angezündet. Scholz rief die Randalierer aus der Elbphilharmonie auf, »aufzuhören und sich zurückzuziehen«, was natürlich niemanden interessierte.

Nach dem Gipfel richtete die Hamburger Bürgerschaft einen Sonderausschuss ein, um mögliche Verfehlungen aufzuklären. Es sollte nicht das einzige Kontrollgremium bleiben, mit dem Scholz es zu tun bekommen sollte. Am 9. Oktober 2020 nimmt ein parlamentarischer Untersuchungsausschuss in Berlin die Arbeit auf, der mögliche Verfehlungen der Bundesregierung bei der Pleite des Zahlungsdienstleisters Wirecard aufklären soll.

Und am 30. April 2021 muss Scholz nach Hamburg, um sich dort zu seiner Rolle in einer Steueraffäre der Warburg-Bank befragen zu lassen. Es ist zunächst einmal normal, dass es nicht immer nur gut läuft, wenn man so lange in der Politik ist wie Olaf Scholz. Die entscheidende Frage ist deshalb: Ist er in diese Skandale verwickelt, oder sind sie ihm zugestoßen?

Beim Thema G20 ist die Antwort nicht ganz einfach. Als Angela Merkel Scholz gefragt hatte, ob er sich Hamburg als Austragungsort vorstellen könnte, hatte er gleich zugesagt. Es hatte ihn niemand dazu gezwungen. Er hätte das also nicht tun müssen. Anderseits war klar, dass eine solche Veranstaltung in Deutschland nur in einer Großstadt mit ausreichend Hotelbetten und Saalkapazitäten möglich ist. Der G8-Gipfel im Jahr 2007 konnte noch im beschaulichen Ostseebad Heiligendamm abgehalten werden, aber für das G20-Format wäre dort kein Platz gewesen. Zur Gruppe der G20 gehören nicht nur die weltweit wichtigsten Wirtschaftsnationen. Das sind schon einmal die USA, China, Japan, Deutschland, Großbritannien, Frankreich, Indien, Brasilien, Italien, Kanada, Südkorea, Russland, Australien, Mexiko, Indonesien, die Türkei, Saudi-Arabien, Argentinien und Südafrika. Dazu kommen aber noch Spanien als permanentes Gastland sowie zahlreiche internationale Organisationen wie der Internationale Währungsfonds, die Weltbank, die Weltgesundheitsorganisation und die Welthandelsorganisation. Alle diese Länder und Organisationen reisen mit Delegation an, und im Fall von Ländern wie den USA oder China umfassen die mehrere hundert Mitglieder. Insgesamt müssen mehr als 6000 Menschen untergebracht werden, allein Donald Trump hat 1000 Leute dabei, darunter speziell ausgebildete Fahrer und unzählige Sicherheitskräfte. Anwesend sind auch fast 5000 Journalisten und Vertreter von Organisationen der Zivilgesellschaft. Das Auswärtige Amt hatte in Hamburg alle großen Hotels gebucht, Trump musste ins Gästehaus des Senats, weil er sich zu spät angemeldet hatte. Die Sicherheitskräfte wurden zum Teil in Flüchtlingsunterkünften im Umland untergebracht. Fast alle G20-Treffen fanden aus diesem Grund in Großstädten statt, das erste im Jahr 2008 in Washington, es folgten London, Pittsburgh, Toronto und Seoul. Der letzte Gipfel vor Ausbruch der Coronakrise wurde im Jahr 2019 in Riad abgehalten. In Deutschland wären außer Hamburg nur Städte wie Leipzig, Berlin, Frankfurt oder München als Veranstaltungsort in Frage gekommen, und dort wäre es wahrscheinlich ebenfalls zu Protesten gekommen. Somit ging es um die Frage, ob Deutschland überhaupt ein solches Treffen ausrichten kann. Und Angela Merkel und Olaf Scholz wollten auch angesichts der enormen Bedeutung des internationalen Handels für die deutsche Wirtschaft nicht kneifen. Schließlich drohte der damals gerade ins Amt gewählte Donald Trump der Welt mit neuen Handelsbeschränkungen. Es ging Merkel und Scholz also darum, mit dem Gipfel ein Zeichen für den Multilateralismus setzen – und natürlich hat Scholz auch gehofft, dass ein wenig vom Glanz seiner Gäste auch auf ihn abfällt.

Die Hamburger Behörden waren dabei nicht unvorbereitet. Aus der ganzen Republik wurden Polizisten und Gerät zusammengezogen. Wasserwerfer, Einsatzwagen, Spezialeinheiten. Insgesamt waren mehr als 30 000 Sicherheitskräfte im Einsatz. Die Sicherheitsbehörden hatten allerdings die Gewaltbereitschaft der Demonstranten unterschätzt, die zum Teil aus Ländern wie Spanien oder Italien angereist waren. Vielleicht wäre Scholz nach dem Gipfel weniger hart kritisiert worden, wenn er sich im Vorfeld des Gipfels nicht so betont gelassen gegeben hätte. »Seien Sie unbesorgt, wir können die Sicherheit garantieren. Wir werden Gewalttaten und unfriedliche Kundgebungsverläufe unterbinden«, hatte er in einem Interview gesagt. So schrieb der Spiegel nach den Krawallen, Scholz habe »seine wertvollste Eigenschaft, die Glaubwürdigkeit« verloren. So kann man argumentieren. Allerdings: Was er konkret gegen die Ausschreitungen hätten tun sollen, ohne gleich den ganzen Gipfel abzusagen, haben die Kritiker häufig nicht gesagt.

Auch im Fall Wirecard legt Scholz anfangs eine Lässigkeit an den Tag, die er später bereuen wird. Als das Unternehmen im Juni 2019 ins Schlingern gerät und schließlich Insolvenz anmelden muss, reagiert er mit dem lapidaren Satz, die ihm unterstellte Bundesanstalt für Finanzdienstleistungsaufsicht (BaFin) habe »ihren Job« gemacht. Deshalb gebe es für einen Rücktritt ihres Chefs keinen Grund. Dabei ereignete sich bei Wirecard der größte Bilanzbetrug in der Geschichte der Republik. Rückblick: Wirecard war ein Unternehmen, das den Zahlungsverkehr im Internet abwickelte: Anfangs besteht die Kundschaft vor allem aus Nutzern von Pornoseiten, doch das Unternehmen kann immer neue Onlineshops als Kunden gewinnen. Wirecard übernimmt Unternehmen in Neuseeland, Australien, Südafrika, Brasilien und den USA. Im Jahr 2018 wird der Konzern in den Aktienindex Dax aufgenommen und spielt damit an der Börse in der ersten Liga. Die Aktie des Unternehmens steigt auf immer neue Höhen, die Anleger sind begeistert, die Analysten der Banken auch.

Die Regierung setzt sich ebenfalls für das Unternehmen ein. Wirecard engagiert Karl-Theodor zu Guttenberg, früher einmal Verteidigungsminister und heute Lobbyist. Guttenberg informiert Merkels Wirtschaftsberater Lars-Hendrik Röller, dass Wirecard in China zukaufen will. Dazu benötigt das Unternehmen die Zustimmung der chinesischen Zentralbank. Ob man da etwas machen könne? Das Kanzleramt bittet das Finanzministerium um Informationen über Wirecard und erhält eine Liste mit Berichten der Finanzaufsicht und Presseartikeln. Merkel spricht das Thema im Jahr 2019 auf einer Pekingreise gegenüber der chinesischen Führung an. Dabei berichtet die Londoner *Financial Times* bereits im Februar, Mitarbeiter von Wirecard in Singapur hätten Kunden und Umsätze erfunden. Die Filiale des Unternehmens wird durchsucht. Wirecard bestreitet die Vorwürfe und verklagt die *Financial Times.* Das Argument des Konzerns: Die Wirtschafszeitung wolle mit einer negativen Berichterstattung den Aktienkurs von Wirecard in den Keller schicken. Die Finanzaufsicht vermutet eine Verschwörung gegen den vermeintlichen Börsenstar: Sie verbietet den spekulativen Verkauf von Wirecardaktien (was dem Konzern nützt), beauftragt aber gleichzeitig die Deutsche Prüfstelle für Rechnungslegung (DPR) mit der Prüfung der Bilanzen des Unternehmens. Die DPR ist ein privatrechtlicher Verein, handelt allerdings im Staatsauftrag. Die Vorgehensweise der BaFin entspricht der damaligen Rechtslage, es gibt nur ein Problem: Die mit der Bilanzkontrolle beauftragte Prüfstelle verfügt nur über wenig Personal und kann dem Verdacht auf kriminelle Handlungen nicht nachgehen. Faktisch hatten die Behörden also keine Ahnung, was bei Wirecard los war.

Scholz wird ebenfalls im Februar von seinen Beamten mit einer Vorlage über den Sachstand unterrichtet. Sie erzählen ihm im Wesentlichen, was auch in den Zeitungen steht. Am 5. November 2019 ist der Deal perfekt: Wirecard übernimmt den chinesischen Zahlungsdienstleister AllScore Payment Services. Das Unternehmen scheint nicht mehr aufzuhalten. Vorstandschef Markus Braun lässt bei der Beratungsfirma McKinsey sogar ein Konzept für die Übernahme der Deutschen Bank ausarbeiten: Codename *Projekt Panther*. Doch bald darauf bricht das Kartenhaus in sich zusammen. Die *Financial Times* berichtet Mitte Oktober 2019 über interne Unterlagen, wonach Wirecard zu hohe Umsätze und Gewinne bei Tochtergesellschaften angegeben habe. Danach durchleuchten Wirtschaftsprüfer die Bilanz des Unternehmens. Am 22. Juni 2020 meldet Wirecard, dass in den Büchern aufgeführte Guthaben in Höhe von 1,9 Milliarden Euro »mit überwiegender Wahrscheinlichkeit nicht existieren«. Der Aktienkurs sackt ab. Drei Tage später beantragt Wirecard Insolvenz. Vorstandschef Markus Braun wird verhaftet, sein Kompagnon Jan Marsalek flüchtet. Viele Kleinanleger haben alles verloren.

Man muss dazu wissen: Es ist nicht ungewöhnlich, dass sich die Bundesregierung international für deutsche Unternehmen einsetzt. Merkel hatte auf Auslandsreisen oft Wirtschaftsbosse dabei, in vielen Ländern werden Verträge auf diese Weise angebahnt. Das gilt vor allem für China, wo Wirtschaft immer auch Politik ist und die Behörden ausländische Firmen oft mit bürokratischen Sonderregeln drangsalieren. Die Entscheidung, wer unterstützt wird und wer nicht, trifft das Kanzleramt, oft nach Rücksprache mit den jeweils zuständigen Fachministerien. Man schaut sich in erster Linie an, ob das Anliegen des Unternehmens im öffentlichen Interesse ist, zum Beispiel weil dadurch Arbeitsplätze gesichert werden – und ob es zu den Leitlinien der deutschen Regierungspolitik passt. Unregelmäßigkeiten im Geschäftsbetrieb sind für sich genommen erst einmal kein Ausschlussgrund: Volkswagen konnte trotz des Dieselskandals immer auf die Unterstützung der Bundesregierung zählen, wobei die beiden Skandale nicht vergleichbar sind. Es erwartet auch niemand von Olaf Scholz, dass er selbst die Bilanzen der Unternehmen prüft, für die er sich einsetzt. Das kann er nicht und sein Mitarbeiterstab auch nicht. Er muss sich darauf verlassen können, dass andere es tun: die Börse, die Banken und vor allem die Finanzaufsicht. Das ist bei Wirecard nicht im ausreichenden Maß geschehen.

Scholz reagiert aber schnell, als die Dimension des Skandals klarwurde. Im Juli bringt er einen Aktionsplan auf den Weg, der unter anderem die Befugnisse der Aufsicht stärken soll. Auch der Chef der Bafin wird ausgetauscht. Mit dem Briten Mark Branson holt der Minister einen echten Profi, der international hohes Ansehen genießt. Im Februar 2021 legt er zudem einen Sieben-Punkte-Plan für eine Reform der Behörde vor, wenig später wird mit der Umsetzung begonnen. Es gibt jetzt beispielsweise eine neue Abteilung, die speziell Finanzdienstleister mit komplizierten Geschäftsmodellen beaufsichtigt. Sie überwacht Ende 2021 bereits 17 Banken, Versicherer, Wertpapierhäuser und Zahlungsdienstleister. Die Bafin verfügt damit über eine Art schnelle Eingreiftruppe, mit der sie im Verdachtsfall sofort Ermittlungen einleiten kann. Der Umweg über die für solche Fälle nicht ausgestattete Deutsche Prüfstelle für Rechnungslegung ist nicht länger nötig. Deren Beschäftigte werden von der Aufsicht übernommen. Damit ist eine zentrale Schwachstelle in der Bilanzkontrolle beseitigt, denn nun landen die schwierigen Fälle gleich bei den Fachleuten. Es wird auch eine Abteilung gegründet, an die sich Informanten wenden können, wenn sie über Insiderwissen zu Finanzfirmen verfügen. So macht auch der Fall Wirecard ein Grundmuster der Methode Scholz deutlich: Wenn er seinen Einsatz verpasst hat, dann wartet er auf die nächste Gelegenheit. Und auch das gehört zur Wahrheit: Die Opposition hat dem Finanzminister kein direktes persönliches Fehlverhalten nachweisen können.

Noch komplizierter ist die Sachlage im dritten großen Skandal, mit dem Olaf Scholz zu tun hatte: Der Cum-Ex-Affäre. Was das nun wieder ist? Ganz allgemein: eine Art Steuerraub von Banken und Fondsgesellschaften durch illegale Aktiengeschäfte. Etwas weniger allgemein: Wer Aktien besitzt, wird in aller Regel einmal im Jahr an den Gewinnen des Unternehmens beteiligt, das die Aktien ausgegeben hat. Diese Gewinnbeteiligung nennt man Dividende. Ein Teil dieser Dividende – 25 Prozent – fließen als Kapitalertragsteuer an den Staat. Das Finanzamt stellt dafür einen Steuerbescheid aus, und unter bestimmten Umständen können sich die Banken oder Fondsgesellschaften diese Steuer zurückerstatten lassen. Bei einem Cum-Ex-Geschäft werden die Aktien nun auf so verworrenen Wegen zwischen verschiedenen Banken oder Fondsgesellschaften hin und her geschoben, dass das Finanzamt nicht immer nachvollziehen kann, wem wann welche Aktien gehören – und unter Umständen zwei oder mehr Steuerbescheide ausstellt, obwohl die Steuer nur einmal bezahlt wurde. Wenn diese Bescheide nun zur Rückerstattung eingereicht werden, dann fließt Geld, auf das die betroffene Bank oder Fondsgesellschaft eigentlich keinen Anspruch hat. Denn auf diese Weise wird eine nur einmal gezahlte Steuer zweimal oder sogar noch öfter zurückgezahlt. Für die beteiligten Unternehmen heißt das: Sie können die Differenz zwischen dem gezahlten und dem erstatteten Betrag als Gewinn verbuchen.

Auch ein Hamburger Kreditinstitut hat diese Möglichkeit ausgenutzt: die Warburg-Bank, eine angesehene Privatbank, deren Wurzeln ins Jahr 1798 zurückreichen und die in Deutschland inzwischen fast 1 000 Mitarbeiter hat. Ihr langjähriger Chef Christian Olearius ist eine feste Größe im Hamburger Gesellschaftsleben. Er setzte sich für den Bau der Elbphilharmonie ein und wurde mit der Ehrennadel der Hamburger Handelskammer ausgezeichnet. Das hält die Bank aber nicht davon ab, im Jahr 2007 in das umstrittene Geschäft mit den Dividenden einzusteigen. Warburg gibt an, nicht gegen das Gesetz verstoßen zu haben, schließlich sei das nicht verboten, sondern gängige Praxis gewesen. An dieser Version der Ereignisse kommen aber schon bald Zweifel auf. Im Januar 2016 durchsucht die Staatsanwaltschaft die Geschäftsräume der Bank. Die Beamten sind auf der Suche nach Informationen über Cum-Ex-Transaktionen. Für die Hansestadt geht es um erhebliche Summen. Die Gesamtsumme der über die Jahre hinweg entgangenen Steuern beläuft sich auf 155 Millionen Euro. Das vorab: Diesen Betrag hat die Bank inzwischen beglichen, dem Staat ist also am Ende kein Geld entgangen. Hinzu kommt: Warburg hat die Transaktionen, die die Steuerausfälle zunächst verursacht haben, bereits 2011 eingestellt. Damals ist Scholz gerade erst zum Bürgermeister gewählt worden. Mit den Geschäften selbst hat er also nichts zu tun. Die entscheidende Frage ist vielmehr: Hat er später versucht, Einfluss auf die Hamburger Finanzbehörden zu nehmen, um die Bank zu schützen?

Was bekannt ist: Im Jahr 2016 – nach den Durchsuchungen der Staatsanwaltschaft – schaut sich auch das Hamburger Finanzamt die Bank genauer an. Die Frage ist: Muss Warburg die erstatteten Gelder zurückbezahlen? Für die Finanzbeamten ist es eine schwierige Situation: Der Sachverhalt ist kompliziert, zum damaligen Zeitpunkt gibt es noch keine eindeutigen Gerichtsurteile. Die Behörden müssen überdies bedenken, dass eine Rückforderung die Bank möglicherweise finanziell überfordern würde, so dass eine Pleite droht. Dann wären viele Arbeitsplätze in Gefahr. So argumentiert zumindest Warburg. Und: Es ist auch damit zu rechnen, dass die Bank gegen eine Zahlungsaufforderung klagt. Wenn sie damit vor Gericht durchkommt, könnte die Stadt Hamburg eventuell für mögliche Folgeschäden der Rückforderung in Haftung genommen werden. Olearius versucht, die Unsicherheit der Rechtslage für sich auszunutzen. Er schreibt Briefe, gibt Gutachten in Auftrag, die der Bank bescheinigen, alles richtig gemacht zu haben. Bekannt ist es, weil er Tagebuch geführt hat. Ermittler haben es während einer Durchsuchung sichergestellt, die ZEIT hat darüber berichtet. Am 7. September 2016 hat Orlearius einen Termin bei Olaf Scholz. Eineinhalb Stunden spricht man miteinander. In seinen Aufzeichnungen notiert der Banker: »Er lässt mich spüren, dass er frühere Treffen mit mir in Erinnerung behalten hat, hört aufmerksam unserer Schilderung zu und stellt kluge Fragen.« Und: »Wir bekommen nichts versprochen, erwarten, fordern das auch nicht.«

Im Finanzamt wird derweil weiter an dem Fall gearbeitet. Im Oktober 2016 kommt man dort zu dem Ergebnis, dass die »Erfolgsaussichten eines finanzgerichtlichen Verfahrens nur als ausgeglichen« angesehen werden könnten. Es steht also 50:50. Dennoch wolle man das Geld von der Bank zurückfordern. Olearius gibt keine Ruhe. Er lässt ein Schreiben an die zuständige Sachbearbeiterin im Finanzamt aufsetzen und bittet erneut um einen Termin bei Scholz. Dieser findet am 26. Oktober 2016 statt. Dort übergibt er Scholz eine Kopie des Schreibens. Auch über die Reaktion von Olaf Scholz berichtet Olearius: »Er führt das Gespräch allein. Ich berichte über den zwischenzeitlichen Verlauf und unsere Einstellung. Er fragt, hört zu, äußert keine Meinung, lässt nicht durchblicken, was er denkt und ob und wie er zu handeln gedenkt. Ich verstehe das, will ihn auch nicht drängen und ihn in irgendeiner Weise kompromittieren.« Wie wird sich Scholz verhalten? Am 9. November 2016 notiert Olearius, dass der Bürgermeister sich gemeldet habe. »Schicken Sie das Schreiben ohne weitere Bemerkung an den Finanzsenator. Ich frage nichts, danke und lasse das Schreiben Tschentscher überbringen.« Peter Tschentscher ist damals Finanzsenator und heute der Nachfolger von Olaf Scholz als Bürgermeister.

Ebenfalls im November kommt das Finanzamt nach der Sichtung weiterer Unterlagen zu dem Ergebnis, dass sich die Erfolgsaussichten im Fall einer Klage »weiter zu Lasten der Finanzverwaltung verschoben haben«. Es gebe zwar Indizien, aber keine handfesten Beweise für ein Vergehen der Warburg-Bank. Deshalb sei man zu dem Ergebnis gekommen, das Institut nicht zu belangen. Wenn sich herausstellen sollte, dass Warburg sich strafbar gemacht habe, sei es »nicht ausgeschlossen«, dass die Beträge auch zu einem späteren Zeitpunkt zurückgefordert werden können. Die Bank ist vorerst aus dem Schneider – kann sich aber nicht lange freuen. Im Oktober 2017 schaltet sich das damals von Wolfgang Schäuble geführte Bundesfinanzministerium ein und bittet um eine Erläuterung des Verfahrensstands. Nachdem es diesen erhalten hat, erklären die Berliner Beamten, mit der Entscheidung ihrer Hamburger Kollegen nicht einverstanden zu sein. Doch auch die nehmen sich den Fall noch einmal vor, denn inzwischen hat die Staatsanwaltschaft in Köln mehr über die Geschäfte von Warburg herausgefunden. Die neuen Informationen legen nahe, dass die Steuern tatsächlich zu Unrecht erstattet wurden. Im April 2020 fordert das Finanzamt das Geld zurück. Im Januar 2021 zahlt Warburg alle geforderten Steuern zurück – inklusive Zinsen. Der Bundesgerichtshof hat inzwischen in letzter Instanz über den Fall entschieden. Das Argument der Bank, man habe nur eine Lücke im Gesetz ausgenutzt, lassen die Richter nicht gelten. Cum-Ex-Geschäfte sind aus ihrer Sicht strafbar. Es sei dabei nur um eines gegangen: den »blanken Griff in die Kasse, in die alle Steuerzahler normalerweise einzahlen«.

Hat Olaf Scholz also interveniert, um eine Hamburger Traditionsbank zu schützen? Er hat die Treffen mit Olearius bestätigt. So etwas gehöre zu seinen Aufgaben als Bürgermeister. Er hat aber auch gesagt, dass er die genauen Gesprächsverläufe nicht mehr in Erinnerung habe. Aus den Tagebucheinträgen lässt sich nicht ablesen, dass der Bürgermeister dem Banker Entgegenkommen signalisiert hat. Olearius schreibt explizit, Scholz äußere keine Meinung und lasse nichts durchblicken. Seine Aufforderung, das Entlastungschreiben ohne weitere Bemerkungen an den Finanzsenator zu schicken, könnte man theoretisch als Versuch der Einflussnahme werten. Schließlich ist es denkbar, dass eine Behörde einem Schreiben mehr Gewicht einräumt, wenn der Eindruck entsteht, es komme von ganz oben. Aber dafür gibt es keine Beweise. Es könnte also auch sein, dass Scholz mit der Aufforderung zur Übergabe des Schreibens den Dienstweg einhalten und eben gerade nicht selbst aktiv werden wollte. Die zuständigen Beamten haben im Untersuchungsausschuss alle ausgesagt, dass es keine Beeinflussung durch die Politik gegeben habe und sie von den Gesprächen zwischen Scholz und Olerarius nichts wussten. Die Bewertung des Falls sei aus der Sachlage heraus erfolgt. Und: Dem Untersuchungsausschuss ist es bislang nicht gelungen, Scholz ein Fehlverhalten nachzuweisen. Die Hamburger Staatsanwaltschaft hat zwar ein Vorermittlungsverfahren gegen Scholz wegen des Verdachts auf Untreue geführt, weil neun Hamburger Bürger Strafanzeige gestellt hatten. Das Verfahren wurde aber am 7. September ohne Einleitung von Ermittlungen eingestellt. Nach Angaben der Staatsanwälte hat es keine hinreichenden Verdachtsmomente geben.

In der Politikwissenschaft wird ein politischer Skandal als ein Ereignis definiert, bei dem eine Person oder eine Institution die Normen bricht, für die diese Person oder Institution steht. Der Skandal unterscheidet sich vom bloßen Missstand dadurch, dass es einen Verantwortlichen gibt, der gegen Recht und Gesetz oder zumindest die üblichen Gepflogenheiten verstoßen hat. Der Parteispendenskandal der CDU war ein Skandal, weil die Partei unter Helmut Kohl schwarze Konten führte, auf die illegale Spenden eingezahlt wurden. Der Watergate-Skandal war ein Skandal, weil Einbrecher im Auftrag der Republikaner Dokumente aus dem Hauptquartier der Demokraten stehlen wollten und dabei erwischt wurden. In diesem Sinne sind die Krawalle beim G20-Gipfel, die Pleite von Wirecard und die Steuertricks der Warburg-Bank auf Basis des bisherigen Kenntnisstands und zumindest was Olaf Scholz betrifft keine politischen Skandale. Vielleicht hätte er sich mit seinen Versprechungen ein wenig zurückhalten sollen, vielleicht hätte er über seine Treffen früher Auskunft geben können – aber für eine unzulässige Einmischung gibt es keine Beweise. Im Wahlkampf spielten diese Dinge ohnehin kaum keine Rolle. Die Vorgänge selbst sind in ihren Verästelungen so kompliziert, dass sie ohnehin kaum jemand versteht.

9
Europa

Als Scholz im November 2018 seine im ersten Kapitel erwähnte Rede in der Berliner Humboldt-Universität beendet hat, ist die Geschichte noch nicht zu Ende. Er verlässt den Vortragssaal und geht mit seinen engsten Mitarbeitern in einen kleinen Nebenraum. Dort hat sich eine kleine Runde Studierender versammelt: Politikwissenschaftler, Soziologen, Ökonomen. Der Minister hat sich eine Stunde Zeit genommen, um über die Rede zu diskutieren. Scholz wollte das so, er liebt solche Gespräche. An der Freien Universität Berlin hat er sich einmal mit Nachwuchswissenschaftlern über die Lehren aus der Finanzkrise unterhalten. Er saß schlumpfig grinsend im Hörsaal und sprach über die »Eigengesetzlichkeiten kapitalistischer Ökonomien«, die auch zu großen Krisen und Verwerfungen führen könnten. Bei dieser Gelegenheit erinnert ein angehender Jurist an Joschka Fischers Idee einer europäischen Verfassung. Warum Scholz nicht eine ähnlich ambitionierte Forderung geäußert habe? Olaf Scholz denkt kurz nach. Dann sagt er: Fischer habe damals eine »beeindruckende Rede« gehalten. Aber umgesetzt worden sei davon nichts.

Olaf Scholz ist in der Innenpolitik sozialisiert worden. Er reiste als Bürgermeister zwar nach China, Indien, Südamerika, Russland und in die Vereinigten Staaten. Als Finanzminister nahm er regelmäßig an internationalen Gipfeltreffen teil. Aber sein Spezialgebiet sind die Beziehungen zwischen den Staaten nicht. Wie also blickt Scholz auf den Rest der Welt, für den er jetzt als Kanzler ja auch irgendwie zuständig ist?

Seine Partei hat in diesem Zusammenhang recht klare Vorstellungen, besonders was das Verhältnis zu Russland angeht. Gerhard Schröder sitzt im Aufsichtsrat des russischen Gaskonzerns Rosneft, der ehemalige brandenburgische Regierungschef Matthias Platzeck ist Vorsitzender des Deutsch-Russischen Forums, das den Dialog zwischen den beiden Ländern fördern will. Für viele Sozialdemokraten ist die Ostpolitik Willy Brandts nach wie vor die Referenzgröße für den Umgang mit dem Riesenreich im Osten. Kurzer, aber zum Verständnis der Lage notwendiger Exkurs: Nach dem Zweiten Weltkrieg setzte die neugegründete Bundesrepublik zunächst auf Härte gegenüber der Sowjetunion. Man wollte so die Führung im Moskau zum Einlenken bringen, vor allem mit Blick auf eine mögliche Wiedervereinigung der beiden deutschen Staaten. Brandt entwirft in den sechziger Jahren das Konzept für eine Politik der Verständigung mit den damals kommunistischen Staaten Osteuropas. Sie steht unter dem Motto »Wandel durch Annäherung« und soll den Kalten Krieg überwinden. Erstmals vorgetragen wird das Konzept auf einer Tagung der Evangelischen Akademie Tutzing von Egon Bahr. Bahr war damals Pressechef des Senats von Berlin, Brandt Regierender Bürgermeister. Als Bundeskanzler setzt Brandt die Idee in die Tat um. Er trifft sich im März 1970 in Erfurt mit den Machthabern der DDR, im August desselben Jahres fliegt er nach Moskau, im Dezember kniet er am Mahnmal für den Aufstand im Warschauer Ghetto. Es kommt zu einer Unterzeichnung des Moskauer Vertrags zwischen der Bundesrepublik und der Sowjetunion, in dem sich beide Staaten verpflichten, ihre Streitfragen »ausschließlich mit friedlichen Mitteln« zu lösen. Die Ostpolitik Willy Brandts hatte von Anfang an eine ökonomische Dimension. Die Stahlkonzerne Thyssen und Mannesmann lieferten die Röhren für eine Pipeline, durch die der russische Energiekonzern Gazprom Deutschland mit Gas versorgte. Die Schaltstelle für den Handel mit Osteuropa ist, wie der Historiker Manfred Wilke gezeigt hat, der Ostausschuss der deutschen Wirtschaft, ein Zusammenschluss von Unternehmen und Verbänden mit Geschäftsinteressen im Osten. Er ist heute noch aktiv. Brandt erhält später den Friedensnobelpreis, und aus Sicht vieler Sozialdemokraten hat seine Politik gezeigt, dass ein entspanntes Verhältnis mit Russland, aber auch mit anderen autoritären Staaten im ökonomischen und im geostrategischen Interesse Deutschlands ist. Weil der Handel den Wandel bringt und am Ende auch Demokratie und Marktwirtschaft. Das meint SPD-Fraktionschef Rolf Mützenich, wenn er sagt, man müsse sich mit russischen »Denkkategorien auseinandersetzen und versuchen, sie aufzuweichen«, auch wenn man sie inhaltlich nicht teile.

Die Frage ist, ob diese These noch mit der Realität in Einklang gebracht werden kann. Wladimir Putin regiert Russland mit eiserner Hand, und das Land ist in den vergangenen Jahren nicht demokratischer, sondern autoritärer geworden. Im Inneren werden Oppositionskandidaten unterdrückt oder wie der Dissident und Dokumentarfilmer Alexei Nawalny gleich vergiftet. Die Medien sind weitgehend gleichgeschaltet, zivilgesellschaftliche Organisationen wie die Menschenrechtsgruppierung Memorial werden verboten. Nach außen hat Putin mit der völkerrechtswidrigen Annexion der Krim und dem Truppenaufmarsch an der Grenze zur Ukraine im Dezember 2021 gezeigt, dass er die territoriale Integrität anderer Staaten nicht respektieren will. Nicht viel anders ist die Entwicklung in

China, wo der Volkskongress den Präsidenten Xi Jinping faktisch zum Staatsoberhaupt auf Lebenszeit ernannt hat. Bisher war die Amtszeit auf maximal zehn Jahre begrenzt, der entsprechende Passus wurde aus der Verfassung gestrichen. Die Kommunistische Partei und ihre Funktionäre dominieren das politische Leben, Oppositionsbewegungen werden verfolgt. Selbst der Bundesverband der Deutschen Industrie spricht inzwischen von »wachsenden Herausforderungen« im Umgang mit China. Das Land sei nicht mehr nur ein wichtiger Absatzmarkt, sondern ein »systemischer Wettbewerber«, gegen den sich der Westen behaupten müsse. Die Vereinigten Staaten haben deshalb längst umgeschaltet. Dort ist die Doktrin im Umgang mit Russland und China nicht mehr auf Verständigung, sondern auf Eindämmung angelegt. Über die Parteigrenzen hinweg wird in Washington der Aufstieg Chinas als Herausforderung für das westliche Politikmodell betrachtet, während zumindest die Demokraten Putin lieber heute als morgen los wären (bei den Republikanern ist das wegen der Nähe Trumps zu Putin ein wenig anders). Als Joe Biden im Dezember 2021 einen virtuellen Demokratiegipfel veranstaltete, waren Russland und China nicht eingeladen. Scholz war dabei, er sagte, dass die demokratischen Institutionen angesichts von Nationalismus und Rechtspopulismus nach innen und außen gestärkt werden müssten. Viel mehr sagte er nicht.

Es ist nicht so, dass Scholz gegenüber den russischen Aggressionen keine klare Haltung hätte. Die hat er, und sie unterscheidet sich durchaus von der Sichtweise der Russlandversteher in seiner Partei. Das zeigt sich beispielsweise 2016 beim Petersberger Dialog, einer deutsch-russischen Diskussionsrunde. Russland habe mit der »völkerrechtswidrigen Annexion der Krim und der Destabilisierung der Ukraine« gegen das »Grundprinzip der Unverletzlichkeit der Grenzen verstoßen«, sagte Scholz damals. Die Missachtung der »territorialen Integrität eines Nachbarstaates« habe das Vertrauen der Europäer erschüttert. In seiner Regierungserklärung warnte er Putin, jede Grenzverletzung werde einen »hohen Preis« haben. Deutschland werde sich hier mit seinen europäischen Partnern und den Amerikanern abstimmen. Anderseits will Scholz aus der »Eskalationsspirale« ausbrechen und einen »Versuch der Verständigung« unternehmen. Das Symbol der Auseinandersetzung ist wieder einmal eine Röhre, diesmal die Pipeline Nordstream 2. Sie soll russisches Gas unter der Ostsee nach Deutschland leiten. Dadurch würde die Ukraine als Transitland an Bedeutung verlieren. Die Befürchtung in Kiew: Das könnte den Kreml zu neuen Militäraktionen in dem Land veranlassen. Die Grünen wollen das Projekt stoppen, und mit Außenministerin Annalena Baerbock hat der Kanzler eine prominente Vertreterin der Eindämmungsthese am Kabinettstisch sitzen. Scholz selbst will die Pipeline allerdings nicht so einfach zur Disposition stellen. Die Formel dafür lautet: Es handle sich ein »privatwirtschaftliches Projekt«, weshalb die Frage der Inbetriebnahme nicht für politische Zwecke wie eine Deeskalation in der Ukraine herangezogen könne.

Allerdings weiß Scholz natürlich, dass das Private immer politisch ist. Er hat schließlich selbst der amerikanischen Regierung im Jahr 2020 angeboten, die Einfuhr von amerikanischem Gas mit einer Milliarde Euro zu fördern, wenn die Vereinigten Staaten im Gegenzug auf Sanktionen gegen Nordstream 2 verzichten. Mit dem Geld sollte der Bau von Flüssiggasterminals in Wilhelmshaven und Brunsbüttel unterstützt werden. Auch die Führungsriege der SPD findet die Röhre gut, allen voran Manuela Schwesig. Sie ist Ministerpräsidentin von Mecklenburg-Vorpommern, in ihrem Bundesland erreicht die Pipeline deutschen Boden und schafft Arbeitsplätze (wenn auch nicht sehr viele). Damit ist klar: Wenn er es wollte, könnte Scholz das Projekt aufhalten. Er sucht den Konflikt mit seiner Partei aber an dieser Stelle nicht, zumindest nicht solange Putin nicht wirklich in der Ukraine einmarschiert. Das hat auch ökonomische Gründe. Deutschland wird noch eine ganze Weile auf Gas angewiesen sein, weil das Land aus der Kohle und der Kernkraft aussteigt und der Ausbau der erneuerbaren Energien Zeit braucht. Aus Scholz' Sicht ist Russland als Lieferant dabei unverzichtbar, weil sonst der Gaspreis noch stärker steigen würde. Das wäre für viele Haushalte mit zusätzlichen Belastungen verbunden. Da der Klimaschutz der Bevölkerung ohnehin viel abfordert, will Scholz das vermeiden. Außenpolitik hat für ihn auch eine sozialpolitische Komponente.

Vielleicht lässt sich das Rätsel so auflösen: Scholz ist außenpolitisch kein Idealist, schon weil er dafür zu sehr in ökonomischen Kategorien denkt. Deutschland macht als Exportland traditionell auch mit schwierigen Regimen Geschäfte. Wenn es um Arbeitsplätze ging, nahm man es mit der Moral oft nicht so genau. Scholz wird daran nichts ändern. Er ist aber auch kein zynischer Realist. So hat er beispielsweise das Lieferkettengesetz unterstützt, das deutsche Firmen für Verstöße gegen Menschenrechte und Umweltauflagen bei ihren Zulieferern verantwortlich macht. Es wurde von der Großen Koalition verabschiedet. Am Ende geht es für Scholz darum, aus unterschiedlichen Interessen einen Kompromiss zu formen. Dazu müssen Verhandlungen geführt und Allianzen geschmiedet werden. So wie bei der Mindeststeuer. Beim Wohnungsbau. Oder bei den Konjunkturprogrammen. Dabei zählt: Wer setzt sich durch und zu welchem Preis? Dieses Muster prägt auch sein Verhältnis zu China. Einerseits argumentiert Scholz, Deutschland dürfe nicht »die Augen verschließen« vor der kritischen Menschenrechtslage in dem Land. Andererseits bietet er der chinesischen Regierung »Zusammenarbeit« und einen »fairen wirtschaftlichen Wettbewerb zu beiderseitigem Nutzen« an. Die offene Konfrontation mit Peking wird er deshalb nicht suchen, dafür steht wirtschaftlich für Deutschland zu viel auf dem Spiel. Das wichtigste Abnehmerland für deutsche Güter waren im Jahr 2020 die Vereinigten Staaten. Waren im Wert von 103,5 Milliarden Euro wurden dorthin exportiert. An zweiter Stelle kommt aber schon China mit einem Exportvolumen von 95,8 Milliarden Euro. So vertraut Scholz in der Außenpolitik auf die Methode, die sich aus seiner Sicht in der Innenpolitik bewährt hat: Das Gespräch. Da ist es aus seiner Sicht dann eher zweitrangig, ob er nun mit dem Ministerpräsidenten von Bayern oder dem Kronprinzen von Saudi-Arabien verhandelt. Oder eben mit Wladimir Putin.

Ohnehin ist Außenpolitik für Olaf Scholz in erster Linie Europapolitik. Deshalb könne es auch keine deutsche, sondern nur eine europäische Ostpolitik geben, hat er einmal gesagt. Scholz ist davon überzeugt, dass Deutschland nur in Europa eine Zukunft hat. Und dass Europa in einer Welt von bald zehn Milliarden Menschen handlungsfähiger werden muss, wenn es nicht zum Spielball fremder Mächte werden soll. Und tatsächlich ändern sich möglicherweise gerade die Geschäftsgrundlagen der Weltpolitik. Diese war seit dem Ende des Zweiten Weltkriegs vom Streben nach einer Verrechtlichung der internationalen Beziehungen geprägt. Das Miteinander der Staaten sollte gewissen Regeln folgen, so wie auch das Verhältnis der Menschen innerhalb eines Staates gewissen Regeln folgt. Die Idee: Nicht mehr das Recht des Stärkeren bestimmt das

Zusammenleben, sondern die Stärke des Rechts. Institutionen wie die Welthandelsorganisation, der Internationale Währungsfonds, die Weltbank, die Vereinten Nationen oder der Internationale Strafgerichtshof sind Ausdruck dieser Philosophie. Sie bilden zusammen mit internationalen Verträgen wie dem Pariser Klimaabkommen einen Ordnungsrahmen, in dem die Nationalstaaten ihren Interessen nachgehen. Dieser Rahmen ist auch die Grundlage für die wirtschaftliche Globalisierung der vergangenen Jahrzehnte, von der Deutschland stark profitiert hat. Denn um weltweite Lieferketten und Kundenbeziehungen aufzubauen, braucht die Wirtschaft stabile Währungen, zuverlässige Verkehrswege und ein Mindestmaß an Rechtssicherheit. Doch bereits beim Klimaschutz hat sich gezeigt, dass der multilaterale Ansatz womöglich an seine Grenzen gestoßen ist, weil die Interessengegensätze zwischen den Staaten einfach zu groß sind. Aber womöglich sind noch fundamentalere Dynamiken am Werk. Die Nachkriegsordnung ist maßgeblich von den Amerikanern errichtet worden. Sie waren der Auffassung, dass eine stabile Welt auch in ihrem Interesse ist. Doch in den Vereinigten Staaten sinkt die Bereitschaft, sich außerhalb der eigenen Grenzen finanziell und militärisch zu engagieren. Das ist unter Biden nicht viel anders als unter seinem Vorgänger Donald Trump – Demokratiegipfel hin oder her. Der überstürzte Abzug unter dem neuen Präsidenten aus Afghanistan hat das deutlich gemacht.

So wird Weltpolitik wieder zu Machtpolitik. Und an die Stelle der alten Ordnung treten neue Allianzen. Die Amerikaner und die Chinesen haben das erkannt. Sie errichten bereits ihre Einflusssphären. Falls Biden scheitert und Trump erneut zum amerikanischen Präsidenten gewählt werden sollte, wird sich der Niedergang des Multilateralismus noch einmal beschleunigen. In einer Welt der rivalisierenden Machtblöcke hätte Europa keine andere Wahl, als selbst zum Block zu werden, um nicht unterzugehen. Es müsste die »Sprache der Macht lernen«, wie es Kommissionspräsidentin Ursula von der Leyen einmal formuliert hat. Scholz teilt diese Analyse. Deshalb ist er zum Beispiel dafür, dass Entscheidungen in Brüssel nicht mehr so leicht wie bisher durch einzelne Mitgliedsländer blockiert werden können. Das bedeutet im Umkehrschluss natürlich: Diese Länder können von einer Mehrheit überstimmt werden. Für Olaf Scholz ist das aber kein Verlust, sondern ein Gewinn an staatlicher Souveränität. Denn ohne die Möglichkeit, tatsächlich etwas zu bewegen, ist Souveränität nur eine formale Kategorie. Und ein einzelnes Mitgliedsland kann in der Welt oft nicht viel bewegen. Diese Erfahrung machen die Briten gerade. Sie haben die EU auch verlassen, weil sie sich in der Handelspolitik nicht mehr den Vorgaben aus Brüssel beugen wollten. Nur dass die Vorgaben jetzt eben häufig aus Peking oder Washington kommen. Weil für Großbritannien der Zugang zum amerikanischen Mark viel wichtiger ist als für die Vereinigten Staaten der Zugang zum britischen Markt. Seine erste Auslandsreise als Kanzler führt Scholz deshalb nach Paris, wo er auf einen Gleichgesinnten trifft. Emmanuel Macron wirbt seit seinem Amtsantritt für eine Europäisierung des Souveränitätsbegriffs. Auch in Mario Draghi sieht Scholz einen Verbündeten. Bei einem Besuch in Rom vereinbarten die beiden einen gemeinsamen Aktionsplan, der die deutsch-italienische Zusammenarbeit verbessern soll. Das bedeutet nicht, dass Scholz auf einmal einer weitgehenden Lockerung der europäischen Schuldenregeln zustimmen würde, wie es in Frankreich und Italien gefordert wird. So wie er einmal gesagt hat, dass ein deutscher Finanzminister immer ein deutscher Finanzminister sei, gilt für ihn auch: Ein deutscher Bundeskanzler ist ein deutscher Bundeskanzler. Über Themen wie Schulden und Inflation wird im deutschen Kontext schon aus historischen Gründen anders diskutiert als im französischen oder im italienischen. Aber Scholz wird nach Kompromisslinien suchen, auch wenn ihm das in der Heimat nicht nur Zustimmung einbringt.

Dass er dazu bereit ist, hat sich ebenfalls in der Pandemie gezeigt. Im Frühjahr 2020 wurde schnell klar, dass sich die wirtschaftlichen Folgen der Krise im nationalen Alleingang nicht eindämmen lassen. Am 25. März fordern die Regierungschefs von neun europäischen Staaten – darunter Italien, Frankreich, Spanien, Portugal und Irland – ein »gemeinsames Schuldeninstrument«, um die wirtschaftlichen Folgen der Krise abzufedern. Sie befürchten, dass vor allem hochverschuldete Länder wie Italien die Lasten nicht selbst stemmen können. Das Problem: In Deutschland glauben viele, dass die Länder im Süden des Kontinents dann mehr Schulden machen und die Steuerzahler im Norden dafür geradestehen müssen. Doch als sich die wirtschaftliche Lage zuspitzt, geht Scholz auch hier ins Risiko. Im Frühjahr 2020 werden zwischen Berlin und Paris die Konturen eines europaweiten Schutzschirms für die Wirtschaft ausgearbeitet. Die wichtigsten Beteiligten: der französische Staatspräsident Macron, sein Finanzminister Bruno Le Maire, Angela Merkel – und Olaf Scholz. Im Mai verständigen sich die vier auf ein Hilfspaket in Höhe von 500 Milliarden Euro. Es soll durch Kredite finanziert werden, die die EU aufnimmt. Damit fällt ein Tabu der deutschen Europapolitik. Im Laufe der weiteren Verhandlungen in Brüssel werden aus den 500 Milliarden 750 Milliarden, und das Projekt bekommt einen Namen: Europäischer Aufbaufonds. Das Geld soll vor allem für den Klimaschutz und die Modernisierung der europäischen Volkswirtschaften ausgegeben werden. Die Mitgliedsländer müssen dazu detaillierte Pläne über die Verwendung der Mittel einreichen, deren Einhaltung von der Kommission überwacht wird.

Das Konzept für diesen Fonds wird bereits in einem internen Arbeitspapier des Finanzministeriums aus dem Mai 2020 entwickelt. Es trägt den Titel »Towards a more perfect European Union. Eine Strategie für die wirtschaftliche Erholung Europas«. Die Grundaussagen: Statt jeden Tag ein neues Hilfsprogramm aufzulegen, sollen die Mitgliedsstaaten eine »umfassendere europäische Antwort« auf die Krise geben. In diesem Papier wird auch auf den amerikanischen Finanzminister Hamilton Bezug genommen. Die USA waren damals wie die EU ein eher loser Bund unabhängiger Staaten. Einige dieser Staaten waren stark verschuldet und standen vor der Pleite, schließlich war der Unabhängigkeitskrieg gerade erst zu Ende gegangen. Hamiltons Idee: Der Bund übernimmt die Verbindlichkeiten der Einzelstaaten und erhebt im Gegenzug Zölle, mit denen er die Schulden wieder zurückzahlte. Er schaffte »die Grundlage, Einnahmekompetenzen und eine eigenständige Verschuldungsfähigkeit auf einer staatlichen Ebene, nämlich auf Unionsebene, zusammenzuführen«, wie es in dem Papier aus dem Hause Scholz heißt. Für Hamilton hatte das Finanzielle dabei immer auch eine politische Dimension. Die Vergemeinschaftung der Schulden sollte seiner Meinung der »Zement« für den Aufbau des neuen amerikanischen Staats sein. Der verlief dann nicht ganz problemlos, weil es nach der Schuldenübernahme erst einmal zu einer Boomphase kam, die dann in eine schwere Rezession mündete, aber das ist ein anderes Thema.

Scholz hatte zunächst wie viele andere deutsche Politiker darauf gesetzt, dass sich die Krise mit dem bestehenden Hilfsprogrammen und damit ohne einen derart radikalen Vorstoß bewältigen ließe. Dazu war sie aber schlicht zu groß.

Was ihm den Kurswechsel erleichtert: Die in solchen Dingen normalerweise eher skeptische deutsche Wirtschaft mahnt ebenfalls Solidarität an. Die Unternehmensverbände fürchten, dass der europäische Binnenmarkt auseinanderbricht, falls Ländern wie Italien nicht schnell geholfen wird. Dann würden Lieferketten gesprengt, und es müssten viele Arbeitsplätze gestrichen werden. So meldete sich Volkswagenchef Herbert Diess zu Wort und forderte eine gemeinsame Strategie der EU. Man müsse »Europa als Ganzes betrachten«, denn nur so könne die Krise überwunden werden. Volkswagen hat in den damals besonders stark von der Pandemie betroffenen Ländern Italien und Spanien mehrere Werke. Am 12. Mai 2020 veröffentlichen der Bundesverband der deutschen Industrie (BDI), die französische Arbeitgeberorganisation MEDEF und die italienische Wirtschaftsvereinigung Confindustria einen gemeinsamen Aufruf, in dem sie sich für ein europäisches Investitionsprogramm aussprechen. Auch in der Professorenrunde im Finanzministerium trifft der Fonds auf Zustimmung. In einer gemeinsamen Stellungnahme sprechen sich führende Mitglieder des Gremiums dafür aus, dass Europa »finanziell zusammensteht«. Die pragmatische Haltung der Wirtschaftsvertreter und der Wissenschaftler trägt dazu bei, dass europäische Schulden auf einmal nicht als Bedrohung, sondern umgekehrt als Bedingung für die finanzielle Stabilität begriffen werden. Das wiederum erleichtert auch konservativen Politikern die Zustimmung. Am 18. Mai 2020 veröffentlicht Eckhard Rehberg, haushaltspolitischer Sprecher der Unionsfraktion im Bundestag, folgende Pressemitteilung: »Als Deutsche sind wir bereit, einen erheblichen Beitrag für die besonders hart betroffenen Regionen und

Branchen zu leisten. Europa soll gestärkt aus der Coronakrise hervorgehen.« Rehbergs Leute hatten sich in den Tagen vorher eng mit Kanzleramt und Finanzministerium abgestimmt. Mit seinem Statement ist klar: An Deutschland wird der Aufbaufonds nicht scheitern.

Der Koalitionsvertrag der Ampel geht sogar darüber hinaus. Dort spricht sich die neue Regierung für einen »verfassungsgebenden Konvent« aus. Er soll die Voraussetzungen dafür schaffen, dass die EU zu einem »föderalen europäischen Bundesstaat« weiterentwickelt wird. Das wären dann also die Vereinigten Staaten von Europa, auf die Scholz mit seinem Verweis auf Hamilton anspielt. Die sind allerdings bislang nicht viel mehr als eine Vision. Der Aufbaufonds ist eine einmalige Maßnahme, mit der die EU auf eine Jahrhundertkrise reagiert. Mit ihm wurde, anders als in den USA, kein permanentes Verschuldungsrecht auf europäischer Ebene geschaffen, die Kredite müssen allesamt zurückbezahlt werden. Und woher genau die Einnahmen dafür kommen sollen, ist auch noch nicht abschließend geklärt. Die Europäische Union dürfte also in der Praxis noch für eine ganze Weile ein Staatenbund bleiben, und sie hat, wie die autoritären Entwicklungen in Mitgliedsländern wie Ungarn und Polen zeigen, auch damit schon genug zu tun. Dennoch hat der Aufbaufonds entscheidend dazu beigetragen, dass die Pandemie den Kontinent nicht entzweit hat – anders als die Finanzkrise vor zehn Jahren. Das ist auch das Verdienst von Olaf Scholz.

10
Sie

Wenn Aktentaschen reden könnten, dann hätte diese Tasche viel zu erzählen. Olaf Scholz hat sie fast immer dabei, wenn er irgendwo auftaucht. Sie ist aus dunkelbraunem Leder gefertigt, das an den Rändern schon ein wenig speckig geworden ist. Die Beschläge sind aus Metall, die Ecken abgewetzt. Man könnte ein ganzes Buch über Politiker und ihre Aktentaschen schreiben. Der Beruf des Politikers bringt es mit sich, dass man eine Menge Material mit sich herumschleppen muss. Gesetzesentwürfe, Lageberichte, Sitzungsdokumente. Angela Merkel hat in ihrer Kanzlerschaft eine Menge Aktentaschen benutzt: rote, gelbe, grüne, blaue. Amerikanische Präsidenten bekommen den sogenannten *football* ausgehändigt. Das ist ein schwarzer Aktenkoffer, mit dem von jedem Ort der Welt aus der Befehl für den Einsatz von Atomwaffen erteilt werden kann. Der *football* muss sich immer in unmittelbarer Nähe des Präsidenten befinden, wenn dieser seinen Amtssitz verlässt. Eine der Aktentaschen von Helmut Schmidt wird im Staatsarchiv von Hamburg aufbewahrt.

Die Aktentasche von Olaf Scholz begleitet ihren Träger seit den Anfängen seines Berufslebens. Scholz hat darin Prozessunterlagen durch die Gegend getragen, als er als junger Anwalt für Arbeitnehmerrechte kämpfte. Er trug sie mit sich, als er als Generalsekretär der SPD die Arbeitsmarktreformen von Gerhard Schröder umsetzte. Er hat darin herumgekramt, als er als Arbeitsminister nach Wegen suchte, um die internationale Finanzkrise in den Griff zu bekommen. Sie stand neben ihm, als er als Hamburger Bürgermeister die Geschäfte der Hansestadt lenkte. Sie war da, als er ein paar Jahre das Bundesfinanzministerium übernahm. Und jetzt ist sie die Aktentasche des Kanzlers der Bundesrepublik Deutschland.

Ist Olaf Scholz der Kanzler des Aufbruchs? Das war die Leitfrage dieses Buchs. Was sich festhalten lässt: Mit der Bezeichnung Scholzomat mag die Redeweise des Kanzlers gut beschrieben sein, seinem Politikstil aber wird der Begriff nicht gerecht. Scholz hat in seiner Karriere mehr weitreichende Veränderungen angestoßen als viele andere Spitzenpolitiker in Deutschland – vom Wohnungsneubau in Hamburg über den europäischen Wiederaufbaufonds bis zur Einigung auf eine weltweite Mindeststeuer. Insofern ist der Politiker Olaf Scholz auch ein Spiegel seiner Zeit. Als der Glaube an die Allmacht freier Märkte den öffentlichen Diskurs prägte, hat er die neoliberalen Reformen der Agendajahre verteidigt. Doch als die Schwächen des Neoliberalismus immer deutlicher hervortraten, hat er sich für neue wirtschaftspolitische Ansätze geöffnet. Man kann die Wende im Denken von Olaf Scholz als mangelndes Standvermögen verurteilen oder es mit dem britischen Nationalökonomen John Maynard Keynes halten. Der hat einmal gesagt: »Wenn die Fakten sich ändern, dann ändere ich meine Meinung.«

Was die nun anstehende Reformphase aber von vorherigen unterscheidet: Durch den Klimawandel wird die Veränderungsbereitschaft zur existenziellen Frage. Wenn es der Menschheit nicht gelingt, den Ausstoß von Treibhausgasen schnell zu senken, dann wird die Erde für sehr viele Leute ein unwirtlicher Ort. So ist es zu verstehen, wenn Olaf Scholz in seiner ersten Neujahrsansprache die Zwanzigerjahre als entscheidende Dekade für die Zukunft des Landes bezeichnet, in der der »größte Umbau unserer Wirtschaft seit mehr als 100 Jahren« auf den Weg gebracht werden müsse. Er ist dabei entschlossen, die Klimaneutralität von Wirtschaft und Gesellschaft nicht in erster Linie durch Verbote, Preiserhöhungen und Einschränkungen, sondern durch eine gewaltige Investitionsoffensive zu erreichen, die auch international Wirkung entfaltet. Windräder, Stromleitungen, Ladenetze – das ist der Weg in eine Zukunft ohne fossile Energie. Damit ist der Kampf gegen den Klimawandel für Scholz auch ein durch staatliche Fördermilliarden angeschobenes Modernisierungsprogramm. So will er die bevorstehende Transformation der Lebenszusammenhänge in eine sozialdemokratische Fortschrittserzählung integrieren. In dieser Sichtweise wäre der Wahlsieg der SPD kein historischer Zufall, der auf die Fehler der anderen Kandidaten zurückzuführen wäre. Sondern möglicherweise der Beginn eines sozialdemokratischen Zeitalters, das den Klimaschutz vor allem als Wachstumschance begreift. Diese Sicht der Dinge hält auch die neue Koalition zusammen.

Es ist natürlich eine Wette, denn die Sache kann schiefgehen. Weil die Genehmigung der Windräder am Widerstand der Anwohner scheitert. Oder weil es einfach nicht genug Arbeiter gibt, um die Windräder zu bauen. Und ziemlich sicher werden die Investitionsmaßnahmen ihrerseits neue Zumutungen nach sich ziehen: Die Schuldenbremse im Grundgesetz dürfte langfristig nur schwer zu halten sein, und wahrscheinlich müssen die Menschen in Deutschland auch mehr beziehungsweise länger arbeiten. Es gibt schließlich ganz schön viel zu tun, wenn sich das Land wirklich verändern soll. Das gilt auch für Olaf Scholz selbst. Er hat in seiner Karriere bisher vor allem Taten sprechen lassen. Das hat funktioniert, als er Finanzminister war, denn über Geld muss man nicht reden. Vor allem wenn viel davon da ist. Über andere Dinge aber schon. Das gilt besonders für die Außenpolitik, denn das Miteinander der Staaten ist vor allem Kommunikation. Scholz geht also eine Wette ein, aber auch ein radikalerer Kurs in der Klimapolitik wäre eine Wette. Weil niemand gerne verzichtet und Politiker Wahlen gewinnen müssen, wenn sie etwas bewegen wollen.

In jedem Fall wird der von Scholz in Aussicht gestellte Umbau des Landes neue gesellschaftliche Erschütterungen auslösen. Bereits in der Coronakrise lehnt ein Teil der Bevölkerung alle Schutzmaßnahmen ab, auch die Energiewende wird auf Widerstände stoßen. Schon heute sorgen steigende Preise für Benzin und Heizöl für Unmut, und der Staat wird nicht alle Betroffenen entschädigen können. Die Frage ist deshalb nicht, ob die Gesellschaft gespalten ist (das ist sie), sondern wo die Spaltungslinie verläuft – und welche Schlüsse Scholz daraus zieht. In der Coronapolitik steht eine schweigende Mehrheit einer kleinen, aber lautstarken Minderheit gegenüber. Das müssen Demokratien aushalten. Denn demokratische Politik ist immer ein permanenter Aushandlungsprozess, der durch das Mehrheitsprinzip in politische Entscheidungen umgewandelt wird. Dabei kann man es nicht allen recht machen.

Scholz will, wie er es formuliert, den Bürgerinnen und Bürgern »Respekt« entgegenbringen. Das ist der Kern seiner politischen Philosophie. Sie kommt einer längst überfälligen Korrektur eines Leistungsgedankens gleich, der soziale Anerkennung vom Gehalt oder der Kenntnis bestimmter kultureller Fertigkeiten abhängig gemacht hat. Denn in einer arbeitsteiligen Gesellschaft gibt es in Wahrheit kein Oben und kein Unten. Sondern nur ein Miteinander. Der Investmentbanker ist auf den Erzieher genauso angewiesen wie der Erzieher auf den Investmentbanker. Es sei denn, der Banker will auf seine Kinder selbst aufpassen. Und der Pfleger auf seine Aktien. Das bedeutet nicht, dass alle dasselbe verdienen müssen. Doch vielleicht könnten die Gehaltsunterschiede ein bisschen kleiner sein, als sie es derzeit sind. Vielleicht ist es auch nicht so wichtig, ob jemand am Wochenende ins Theater geht oder ins Fußballstadion. Und natürlich muss es beim Schutz des Klimas gerecht zugehen. Wenn Respekt aber heißen soll, dass niemandem mehr etwas zugemutet werden darf, dann wird es nichts mit dem Aufbruch, den Scholz sich vorgenommen hat. Denn wenn immer alle mitgenommen werden sollen, dann kommt das Land nicht vom Fleck.